동양고전연구회

원전에 충실한 주석과 현대적 해석을 통한 동양 고전 출판을 목표로 1992년 6월 출범했다. 한국 철학·선진 유가 철학·송명 유학·청 대 유학·도가 철학을 전공한 연구자들로 구성되어 있으며, 지난 25년 동안 회합하며 고전을 번역하고 주해해 왔다. 우리 전통의 발판 위에 미래 문화를 창달하기 위해 계속해서 번역 작업에 힘쓰고자 한다. 동양고전연구회의 첫 사업으로 간행한 『논어』는 《교수신문》 선정 최고의 번역본으로 꼽혔다.

이강수(李康洙) / 전 연세대 철학과 교수
김병채(金炳采) / 전 한양대 철학과 교수
고재욱(高在旭) / 강원대 철학과 교수
이명한(李明漢) / 중앙대 철학과 명예교수
김백현(金白鉉) / 강릉원주대 철학과 교수
유권종(劉權鐘) / 중앙대 철학과 교수
정상봉(鄭相峯) / 건국대 철학과 교수
안재호(安載晧) / 중앙대 철학과 부교수
김태용(金兌勇) / 한양대 철학과 부교수

KB106012

대학

大學

대학

大學

동양고전연구회 역주

민음사

일러두기

1. 이 번역은 중국의 한, 당, 송, 명, 청, 현대 중국의 주석 및 조선 유학자들의 주석을 고루 참조하여 『대학(大學)』의 원뜻을 충실히 드러내고자 했다.
2. 이 책은 베이징대학출판사가 펴낸 십삼경주소(十三經注疏, 표점본) 가운데 『예기정의(禮記正義)』를 대본으로 하여 역해했다.
3. 이 책의 경과 전, 그리고 장절의 구분은 주희가 증보한 것에 따랐다.
4. 이 책은 『대학』의 번역 전문을 먼저 싣고, 해설 부분에서 매 장절에 원문, 번역문, 주해하는 글, 보충 해설하는 글을 실어 역해했다.
5. 원문 해석에서 이설(異說)은 주해와 해설에서 소개했다.
6. 인명, 서명, 지명, 중요 개념은 처음 나올 경우에만 한자와 한글을 병기하고, 그 뒤에는 되도록 한글로 표기했다. 주해의 한자도 필요하면 한자와 한글을 병기했다.
7. 이 책에서는 다음과 같은 부호를 사용하여 인용한 서명과 편명, 글 등을 표기했다.

   서명: 『 』

   편명과 글: 「 」

   인용문: " "

   강조의 뜻: ' '

   원문과 한글을 병기할 때 음이 일치할 경우: ( )

   원문과 한글을 병기할 때 음이 일치하지 않을 경우: [ ]
8. 판본을 지칭할 때는 편의상 주석가의 이름에 근거하여 불렀다.

   예: 황간의 『논어의소(論語義疏)』본 → '황간본'

서문

우리 사회는 지금 세계화와 다문화주의라는 거대한 격랑 속을 흘러가고 있다. 세계화가 제2차 세계 대전 이후 정치·경제·문화 세 방면에서 동시적으로 그리고 상호 연관을 이루며 진행되어 왔다면, 다문화주의는 20세기 내내 주류 문화로 군림해 온 서구 및 백인 문화 중심에서 벗어나 비서구 및 소수 인종의 문화도 동등하게 존중하자는 의미에서 시작되었다. 세계화는 일부 국가와 사회의 경제적·문화적 삶을 향상시켰지만 다른 한편에서는 전쟁·테러·성폭력·빈부 격차 등에 의한 전 지구적 문제를 증대시켰고, 다문화주의 역시 곳곳에서 문화적 충돌을 일으키며 소수 민족, 소수 인종의 아름다운 전통문화가 사라지는 원인이 되기도 했다. 특히 여과 없이 받아들여진 서구 문화는 우리 사회 구석구석까지 파고들어 우리 고유의 정체성과 가치관까지 흔들고 있다.

인류의 우수한 정신 유산과 아름다운 전통문화는 현대 사회에 맞게 계승되고 발전되어야 한다. 세계화와 다문화주의 역시 각 민족의 고유 사상과 문화를 존중하는 바탕 위에서 전개되어야 한다. 우리는 이러한 문제를 함께 고민하면서 고전에서 그 해결의 길을 찾아보자는 데 뜻을 같이 하고 동양고전연구회를 결성했다. 1992년 6월의 일이었다.

우리는 연구회의 사업 목표를 원전에 충실한 주석과 현대적 해석을 통한 동양 고전 출판에 두었다. 그것은 다음과 같은 이유에서였다.

첫째, 우리의 정체성 회복과 올바른 가치관의 확립은 그 뿌리가 되는 고유의 사상이나 문화를 바르게 인식하는 데서 시작해야 한다. 우리는 우리의 전통 사회를 형성한 근본 사상과 문화가 한자 및 사서오경(四書五經)과 불가분의 관계에 있음을 잘 알고 있다. 한자와 함께 들어온 오경은 뒤이어 들어온 불교와 더불어 우리 정신문화의 한 축을 이루어 왔고, 고려 말에 성리학과 같이 전래된 사서는 조선 시대의 정치·사회·문화의 근본이념이 되기도 했다. 이 책들은 지금부터 약 440여 년 전 『논어』 언해본 출판을 필두로 우리말로 번역되기 시작했다. 그동안 적지 않은 번역서들이 나왔지만 일반인들이 이 책들을 고전 이해의 길잡이로 삼기에는 부족했다. 가장 큰 이유는 아마 주요 개념에 대한 부정확한 설명과 고어(古語)적 표현 때문일 것이다. 사실 원전의 의미에 충실한 정확한 주석과 현대적 재해석은 고전 번역 작업의 필수 조건이 되고, 전통 사상과 문화를 올바르게 인식하는 출발점이 될 것이다.

둘째, 우리는 철학적 의미를 담은 주석서(註釋書)를 내고 싶었다. 사실 우리가 이 작업을 시작하던 당시까지 출간된 책 중에는 대부분 송 대(宋代) 주희(朱熹)의 집주(集註)나 현대 중국 학자 혹은 일본 학자들의 책을 대본으로 한 번역서가 많았다. 이 때문에 개념에 대한 정확한 설명이나 철학적 해설의 필요성을 느낀 독자들이 많았으며, 철학이나 유학을 연구하는 사람들도 경전의 정확한 의미를 파악하는 데 어려움이 적지 않았다. 이런 문제들을 직접 겪었던 우리는 주석과 번역에 필요한 자료를 폭넓게 조사하고 고증하여 그것을 바탕으로 세밀하게 주석하고 번역해야 한다고 생각했다.

셋째, 제1차 세계 대전 이후 지금까지 이어지고 있는 심각한 문제 가운데 하나는 도덕성의 타락과 비인간화이다. 특히 현대 사회로 들어오면서 많은 사람들이 동양의 전통문화와 사상은 사회의 민주화에 걸림돌이 된다고 여겨 왔다. 그러나 동양 고전은 도덕성을 바탕으로 한 인본주의 그리고 인간과 자연의 조화에 기초한 인문 세계의 건설에 있다. 우리는 동양 고전이 본질적으로 민주주의나 정의 사회 실현과 어긋나지 않으며 오히려 도움이 된다는 사실을 드러내고 싶었고, 또 독자들이 올바르게 번역된 고전을 읽을 수 있도록 현대화하는 번역 작업에 충분한 가치가 있다고 생각했다.

이러한 생각에서 우리 연구회는 먼저 『논어』, 『중용』, 『대학』, 『맹자』의 순서로 사서 주석서를 내기로 하고 그 첫 사업으로 『논어』를 선정했다. 그 까닭은 이 책이 우리의 전통 사상과 문화에 가장 큰 영향을 끼쳤다고 생각했기 때문이다. 『논어』에 대한 주석은 한 대(漢代)부터 최근에 이르기까지 손꼽을 수 없을 정도로 많다. 그러나 우리나라에서 출간된 『논어』는 그동안 주로 주희의 『논어집주(論語集注)』에 근거해서 해석·번역되어 왔다. 우리는 『논어집주』와 공자의 원뜻 사이에 적지 않은 차이가 있다고 보았다. 그래서 한 대 이후 간행된 책 가운데 중요한 주석서와 참고서를 선정한 후 회원 각자가 한 권씩 분담하여 중요한 개념과 사상적 의미를 정리하기로 했다.

초역 작업에서 우리 번역자들은 먼저 각자가 담당한 한 편씩을 번역하고 각 장마다 필요한 부분에 주석을 달아 모임에서 발표했다. 이렇게 발표된 번역과 주석은 나머지 사람들이 분담한 주석서와의 비교, 토론을 거쳐 정리되었고, 이것이 쌓여서 전체 초역이 완성되었다. 2차 작업은 초역에서 발견된 오역을 바로잡고 또 주석에 근거하지 않은 번역을 주석에 근거한 번역으로 바꾸는 일이었다. 아울러 초역에서 붙인 주해 가운데

지나치게 초보적이거나 또는 문맥의 이해에 직접 도움을 주지 못하는 주석을 솎아 내는 작업도 함께 이루어졌다.

최종 작업은 번역문과 주해를 다듬는 한편 철학적 사유와 개념이나 배경 설명이 필요한 부분을 선정하여 해설을 붙이는 일이었다. 이 작업도 각자가 분담하여 검토와 토론의 과정을 거쳐 이루어졌음은 두말할 나위 없다. 번역 작업을 진행하는 과정에서 우리는 한문의 특성상 여러 가지 뜻으로 옮겨질 수 있는 구절과 마주치곤 했는데, 이때는 항상 유가의 기본 정신에 가장 합당한 뜻이 무엇인가를 염두에 두었다. 또 용어의 선택에서도 요즈음 사람들이 이해하기 쉽도록 현대적 언어로 풀어 쓰는 데 최선을 다했음은 물론이다. 2001년 가을, 우리는 길고 격렬했던 토론의 시간을 마무리했다. 그리고 이듬해인 2002년 4월, 지식산업사에서 우리들의 첫 작품인 『논어』가 출간되었다. 9년여에 걸친 긴 여정이었다. 그러니 그 감회를 어찌 말로 다 표현할 수 있었겠는가?

약 한 학기의 휴식을 가진 뒤 우리는 다시 『중용』과 『대학』의 주석 및 번역 작업에 착수했다. 『중용』과 『대학』의 작업 방법과 절차는 물론 『논어』의 경우와 동일했다. 다만 차이가 있다면 그동안 함께 작업하던 회원 한 사람이 빠지고 대만과 중국에서 막 유학을 마치고 돌아온 젊은 학자 두 사람이 보강되었다는 점이다. 2002년 가을 새 학기가 시작될 즈음 시작한 이 작업은 2011년 가을쯤에 끝났다. 책의 분량에 비해 예상 외로 많은 시간이 걸렸던 것은 중간에 가끔 휴식 기간이 필요해서였다.

마지막으로 『맹자』의 주해와 번역 작업은 2011년 말경에 시작하여 2014년 여름에 끝났다. 『맹자』의 작업도 이전과 같은 방식이었다. 다만 이때도 참여자의 교체가 있었다. 그동안 『논어』, 『중용』, 『대학』의 번역 작업에 참여했던 세 사람이 각자의 사정으로 빠지고 새로 대만과 중국에서 유학을 마치고 돌아온 젊은 학자 두 사람이 참여하게 되었다.

우리 연구회는 한국 철학·선진 유가 철학·송명 유학·청 대 유학·도가 철학 전공자들로 구성되어 있다. 이러한 다양한 전공은 아무래도 주석과 번역의 작업에 단점보다는 장점이 많았다고 할 수 있다. 우리는 각자 자신의 전공에 관련된 기존의 주석서를 조사하고 정리해 왔다. 이로 인해 매우 폭넓은 기초 자료를 바탕으로 다양한 견해를 주고받을 수 있었고 발표와 토론의 내용도 더욱 풍부해졌다.

인공 지능 시대의 도래가 진지하게 논의되는 이 시점에서 2000여 년 전에 나온 고전의 번역 작업은 과연 어떤 의미가 있을까? 한편 지금 사람들은 왜 인문학과 고전에 열광하고 있을까? 이것은 어쩌면 물질적 욕망과 문화적 이상 추구 사이에 있는 인간의 아이러니일지 모른다. 그러나 고개를 들고 지금 지구 상에서 일어나고 있는 일들을 둘러보면 그 답은 자명해진다. 지금 세계 곳곳에서는 인종, 문화, 종교 간 갈등으로 인한 폭력과 성별, 빈부 격차에서 비롯한 충돌이 끊임없이 일어나고 있으며 그 끝은 보이지도 않는다.

1989년 스위스 출신의 로마 가톨릭교회 사제이자 저명한 기독교 신학자 한스 큉(Hans Küng)은 "종교 간의 평화 없이 세계 평화는 없다."라고 말했다. 당시 그는 세계 6대 정신 전통으로 유대교, 기독교, 이슬람교, 힌두교, 불교, 유교를 들고 이들 종교 간의 대화를 이끌며 적극적인 지지를 얻어 냈다. 4년 후인 1993년 그는 시카고에서 열린 세계종교회의에서 「세계 윤리 선언」을 통과시켰다. 이 회의에서는 특히 공자가 말한 "자신이 원치 않는 일을 남에게 베풀지 말 것이다.〔己所不欲, 勿施於人.〕"를 현대적 황금률이라고 표현하면서 「세계 윤리와 종교의 대화」의 서막을 열었다. 서구의 기독교인인 그가 어째서 『논어』를 세계 평화의 길잡이로 선포했을까? 어쩌면 한스 큉도 평등과 평화가 실현되는 세계를 이루어 나가는 데 공자의 정신이 잘 부합한다고 생각한 것이 아닐까? 우리는 이들 선언을 접하면서 우리의 작업이 그다지 쓸데없는 일은 아님을 다시 한 번 확인했다.

우리의 작업은 2014년 여름 『맹자』의 주석과 번역을 끝으로 대단원의 막을 내렸다. 때로는 휴식기도 있었지만 22년가량의 세월이 걸린 이 작업에는 우리의 인내와 땀이 배어 있다. 그렇지만 아직 많은 문제점이 남아 있으리라는 생각은 지울 수가 없다. 우리는 이 책들의 내용이 완전해질 때까지 계속 수정판을 낼 것이며 독자들이 보내 주는 의견들은 연구회의 논의를 거쳐 반드시 반영할 것임을 약속한다. 독자들의 아낌없는 지적과 바른 가르침을 기다린다.

안타깝게도 우리 모임의 주춧돌이시던 김병채 선생께서 책이 출판되기 1년여 전에 대학 해제 초고를 써 놓고 영면에 드셨다. 22년을 함께하며 모임을 이끌어 주시던 선생께서는 사서의 출간을 누구보다 더 기뻐하셨을 것이다. 늘 환하게 웃는 선생의 모습은 영원히 우리의 가슴에 남아 있으리라.

출판계의 어려운 상황에도 불구하고 이미 여러 해 전에 우리 연구회의 사서 완역본 출간을 결심하고 지원해 주신 민음사와 편집부 여러 분께 감사드린다.

역자들을 대신하여
고재욱 삼가 씀

해제

1 『대학』의 역사적 지위

『대학』은 사서 가운데 분량이 가장 적지만, 내용은 간단하지 않은 책이다. 『중용』과 마찬가지로 『소대례기(小戴禮記)』의 한 편이었다가 당 말한유(韓愈)를 중심으로 일어난 배불숭유 사상의 학문적이고 이론적인 근거로 이용되면서 비로소 주목받기 시작했고, 후일 성리학 이론의 형성에도 큰 역할을 하게 된다.

『대학』의 학문적 성격이 처음으로 규정된 것은 서한 말 유향(劉向)에 의해서였다. 그는 『별록(別錄)』에서 『대학』을 통론류(通論類)로 분류하고 그것이 유학의 정치 이념과 교육 내용을 다루고 있다고 했다. 그러나 『대학』의 내용적 특성이 강조된 것은 한유부터다. 한유는 『대학』의 경세치용적인 특성을 이용하여 도가와 불교를 비판했으며, 같은 시기의 이고(李翺)는 『대학』에 철학적 의미를 부여해 유학의 철학화를 시도했다.

북송 시대가 되면 『대학』은 제왕이 필독해야 할 정치서와 성리학 형성의 이론서로서의 역할을 하게 된다. 『대학』이 정치서로 등장하는 것은 증공(曾鞏, 1019~1083)으로부터 시작한다. 그는 『대학』을 『서경(書經)』의 홍범구주와 함께 치도(治道)의 근본 이론을 세운 책이라고 규정했다. 같은 시기의 사마광(司馬光, 1019~1086)은 저서 『대학광의(大學廣義)』에서 "대학은 제왕이 심성을 수양하여 정치를 통해 그 이상을 실현하는 길과 방법을 제시한 책"이라고 했다. 이들의 뒤를 이어 『제학(帝學)』을 저술한 범조우(范祖禹, 1041~1098)는 상고 시대의 복희(伏羲)에서 북송의 신종(神宗)에 이르기까지 역대 군왕들의 정교(政敎)를 논하면서 특히 『대학』의 삼강령(三綱領) 팔조목(八條目)이 요임금-순임금-문왕-무왕-주공으로 전해진 도통(道統)의 내용이며 제왕학의 원리라고 말했다.

　『대학』을 유학의 도덕철학과 연관 짓기 시작한 인물은 정호(程顥)와 정이(程頤)다. 그들은 『대학』을 『중용』과 마찬가지로 성리학 형성의 이론적 기초로 보고 『예기』에서 분리해 단행본으로 만들었다. 이를 계승한 주희는 여기에 『논어』, 『맹자』를 더해 '사자서(四子書)'라고 불렀다. 이 책들이 후일 '사서(四書)'로 불리면서 유가 도덕철학의 근본서로 자리 잡는다. 주희는 1163년 나이 34세 때 효종에게 『대학』의 격물치지론을 강의했고, 1169년 40세에 『대학장구(大學章句)』의 저술에 들어가 45세에 초고를 끝냈으며 같은 해에 『대학혹문(大學或問)』의 초고를 지었다. 그 후 1189년 나이 60세에 「대학장구서(大學章句序)」를 씀으로써 그의 『대학』 연구는 일단락된 셈이다.

　이후 『대학』은 주자학의 융성에 힘입어 널리 보급되었지만 『대학』은 곧 『대학장구』라는 인식 또한 함께 퍼져 나갔다. 그러나 명 대의 왕수인(王守仁)은 『대학고본방주(大學古本旁註)』를 짓고 『예기』의 원문을 『대학』 이해의 기본으로 삼아야 한다고 주장했다. 이것은 주자학과 양명학이 갈라지는 원인 가운데 하나가 되었지만, 어쨌든 둘 모두 도덕철학의 관점에 치우쳐서 『대학』을 이해하고 있음을 부인할 수 없다. 원나라 인종(仁宗)

에 이르러 사서는 과거 시험의 기본 과목으로 정해졌다. 이로부터 사서는 각종 교육 기관의 교재로 채택되었고 『대학』도 그 중요성이 더욱 커졌으며 식자층의 필독서가 되었다.

현대적 관점에서 『대학』은 북송 시대처럼 제왕의 정치철학서와 도덕철학서로서 받아들일 수 있을 것이다. 아무리 법치 사회라도 정치가나 행정가의 심성이 부도덕하면 법치주의가 무너지기 쉽다. 삼강령의 이상과 팔조목의 방법을 통해 평천하의 이상을 달성해 보려던 『대학』이 현대 사회에도 필요한 이유가 여기 있을 것이다.

2 『대학』의 저자

『대학』의 저자에 대해서는 중국 후베이 성(湖北省) 징먼시(荊門市) 곽점에 있는 초나라 무덤에서 죽간(竹簡)이 발견(일반적으로 이것을 곽점 초간(郭店楚簡)이라고 부른다.)되기 이전까지 대체로 다음과 같이 세 가지 견해로 나뉘었다. 이 견해들은 『대학』의 3종 판본과도 관련된다.

첫째는 일반적으로 우리가 『고본대학(古本大學)』이라고 부르는 판본과 관련된 것이다. '고본'은 『예기』 42번째에 실려 있는 원래의 『대학』으로서 나중에 주희에 의해 개편되고 유행하게 된 『대학』과 구별하기 위하여 붙인 명칭이다. 사실 『예기』는 누가 언제 어떻게 저작했는지 명확하지 않으며 심지어 한 사람이 쓴 것이 아니고 각 편의 저자도 다르다고 여겨져 왔다. 『예기』의 어느 편에도 작자가 분명하게 쓰여 있지 않기 때문이다. 한대의 정현(鄭玄)도 『예기』 가운데 네 편의 작자를 언급하면서 『중용』은 자사(子思)가 지었다고 했으나, 『대학』의 작자에 대해서는 말하지 않았다. 이 역시 전해 들은 말이거나 추측일 뿐 확실한 근거는 없다고 여겨졌다. 결국 『대학』의 작자가 누구인지는 20세기 말 곽점 초간이 발굴될 때까지 기다리는 수밖에 없었다.

둘째는 『석경대학(石經大學)』과 관련 있는 것으로 공자의 손자 자사가 지었다는 주장이다. 『석경대학』은 명 대의 풍방(豊坊)이 기록한 '위정화석경(魏政和石經)'에 의해 나온 것이다. 명 대의 정효(鄭曉)는 이 석경에 대해 비교적 상세히 설명하면서 "삼국 시대 위(魏)나라 정화(政和) 연간에 왕이 유학자 우송(虞松) 등에게 오경을 고증하도록 명하고 그것을 위기(衛覬), 한단순(邯鄲淳), 종회(鍾會) 등에게 돌에 새기라고 명했다. 그 가운데 『예기』가 포함되어 있었는데 『대학』과 『중용』 두 편도 이 『석경예기』에 기재되어 있다."라고 했다. 정효는 또 "우송은 임금에게 올리는 글에서 가규(賈逵)의 이야기를 인용해 자사가 성인의 도가 전해지지 않을까 두려워서 『대학』을 날실〔經〕로 삼고 『중용』을 씨실〔緯〕로 삼았다."라고 말하였다. 그러나 위나라에는 '정화'라는 연호가 없고, 또 이들이 동시에 석경을 만들었다는 것도 불가능하며, 가규의 말 역시 근거가 없다. 그러므로 풍방의 『석경대학』은 분명히 위작(僞作)이며 자사가 『대학』을 지었다는 말 또한 근거를 밝히지 않았다.

셋째는 주희가 『대학장구』에서 제시한 견해이다. 주희는 『예기』의 『대학』을 개편하여 '경 일장(經一章)'과 '전 10장(傳十章)'으로 구성된 『대학장구』를 지었다. 후일 학자들은 '경 일장'을 경문(經文)으로, '전 10장'을 전문(傳文)으로 부르기도 한다. 여기서 주희는 『대학』의 문장 속에 있는 "증자왈(曾子曰)"이라는 구절을 근거로 "경문은 증자가 공자의 말을 서술한 것이고, 전문은 증자의 뜻을 그의 제자들이 기록한 것이다."라고 단언했다. 이는 『대학』의 근본 사상이 공자에 근원을 두고 있으며 증자가 이를 이어받고 자신의 해석을 첨가해 전문의 내용을 형성하였음을 말한다. 그리고 증자의 제자들은 증자의 가르침과 견해를 문자로 적어서 『대학』

을 지었다는 의미다.

주희는 경문의 간단명료한 문장과 심원한 사상 체계를 볼 때 이는 오직 공자 같은 성인만이 할 수 있는 말이며 전문에서도 증자의 말을 인용해 기록하고 있는 것으로 보아 『대학』은 증자의 학생들이 기록한 것이라고 생각한 듯하다. 또 『대학』에서는 공자의 제자 가운데 오직 증자 한 사람의 말만 기술하고 있으므로 주희는 이를 객관적인 근거로 여기고 『대학』이 증자의 말을 기술한 책이라고 단정했을 것이다.

주희가 칭한 '사자서'에서 사자(四子)는 공자, 증자, 자사, 맹자였다. 그가 보기에 전문의 사상적 내용도 『맹자』, 『중용』과 상응하고 있으므로 『대학』은 증자가 구술한 것을 그의 제자가 기록했다고 보았을 것이다. 주희 이전의 정호, 정이 형제는 『논어』, 『맹자』, 『중용』을 각각 공자, 맹자, 자사의 언행과 그 사상을 기술한 책이라는 데 동의하고 있다. 그러나 『대학』에 대해서는 "공자가 남긴 글로서 초학자가 도덕 세계로 들어가는 문"이라고 하면서도 증자의 말을 기술한 책이라고는 하지 않았다.

사실 주희가 인용한 증자의 말은 근거가 충분하지 않다. 증자 이후에는 증자의 제자들뿐만 아니라 대부분의 유학자들이 글을 쓸 때 '증자왈'이라고 기술했기 때문이다. 주희가 내세우는 이론상의 근거들도 주희 자신의 주관적 판단에 기초할 뿐 객관적 근거는 확인할 수 없다. 그러므로 『대학』의 작자가 증자 혹은 증자의 제자라고 하는 주희의 견해는 추측인 셈이었다.

청 대에는 실증을 중시한 고증 학풍이 일어나면서 『대학』도 명 대의 자사 저작설이 비판받았다. 당시에는 『대학』을 자사가 지었다는 설과 전국 시대의 유학자 혹은 진한(秦漢) 시대 사이의 유학자가 지었다는 설이 공존했다. 어쨌든 유가의 어느 학자가 지었다는 점에서는 대체로 일치한다.

『대학』의 저자에 대한 논란은 현대에 들어 결정적인 전환을 맞이한다.

1993년 10월 중국 후베이 성 징먼시 곽점에 있는 초나라 무덤에서 대나무 쪽 즉 죽간에 쓴 많은 문헌이 발굴된 것이다. 지금까지의 연구 결과에 의하면 이 문헌들은 대부분 공자 이후 맹자 이전까지 활동한 공문 제자들 특히 자사와 그 학파의 자료로 밝혀졌다. 궈이(郭沂)는 저서 『곽점 죽간과 선진 시대의 학술 사상(郭店竹簡與先秦學術思想)』에서 『대학』이 내용, 문체, 언어 발전 과정을 볼 때 『중용』의 사상을 실천적 측면에서 계승하고 발휘하려던 것이었으며 작자는 자사와 맹자 사이의 자사의 문인이라고 결론지었다. 더 정확한 자료가 출토될 때까지는 이 궈이의 학설이 유지될 것으로 보인다.

3 『대학』의 저작 시기

논리적으로 볼 때 서책의 저작 시기는 작자와 직결되어 있다. 그러나 중국 고대 사상은 사상을 일으킨 사람과 그것을 책으로 편집한 사람이 다르고 시대도 다른 경우가 흔한 일이다. 이것은 『대학』도 마찬가지다. 『대학』의 저작 시기는 크게 주희의 견해, 5·4 운동과 함께 등장한 실증 사학자들의 견해, 곽점 초간 출토 이후의 견해로 나누어 살펴볼 수 있다.

주희는 「대학장구서」에서 "증자가 홀로 공자의 참뜻을 알아서 전(傳)을 지어 그 뜻을 드러내고 전해 주었다."라고 했다. 이것은 그가 『중용』의 저자를 분명하게 자사로 밝힌 것과는 다르다. 한편 주희의 삼전 제자(三傳弟子)인 왕백은 『대학』을 자사의 저작이라고 했다. 어쨌든 증자나 자사를 포함해 그들의 문인을 저자로 생각한다면 『대학』의 저작 시기는 증자가 살았던 기원전 450년 이후 즉 전국 시대라고 할 수 있다.

청 대의 모기령(毛奇齡)은 『대학증문(大學證文)』이라는 글에서 『대학』

이 단독으로 간행된 경과를 자세하게 논술했다. 그는 『대학』·『중용』·『논어』·『맹자』·『효경』을 소경(小經)이라 부르면서 이 책들은 이미 한나라와 당나라 때에 단독으로 간행되었다고 하였다. 다시 말해 사자서는 송 대의 유학자가 처음 엮은 것은 아니라는 것이다. 모기령는 또 송 인종(仁宗) 때 새로 과거에 급제한 사람에게 『대학』을 하사했으므로 『대학』이 단독으로 간행된 일은 그 이전부터 있었으며, 당 대의 한유가 『대학』의 문구를 인용하는 것을 보더라도 『대학』은 이미 당나라 때에도 간행되고 있었다고 주장했다.

그러나 1919년 5·4 운동과 함께 시작된 실증주의에 근거를 둔 의고파(疑古派) 학자들은 선진 시대의 저술을 모두 진한(秦漢) 시대의 것으로 보았다. 그 대표적인 사례가 『대학』이었고 이러한 경향은 곽점 초간의 유가 학파 자료가 출토될 때까지 이어졌다. 이로 인해 오늘날 현대 신유가의 대표적 인물로 불리는 펑유란(馮友蘭)과 머우쫑싼(牟宗三)은 『순자(荀子)』의 사상이 『대학』에 영향을 주었다고 보았고, 쉬푸관(徐復觀)은 『맹자』의 사상이 『대학』에 영향을 주었다고 주장하게 되었다. 다시 말해 펑유란과 머우쫑싼은 『대학』이 『중용』이 아니라 순자 예(禮) 사상의 영향을 받았다는 것이고, 쉬푸관은 『대학』이 맹자의 심성설을 바탕으로 한 예(禮) 사상의 영향을 받았다는 것이다. 그러므로 이들은 『대학』이 전국 이후 진한 시대에 저술되었다고 주장할 수밖에 없었다. 곽점 초간 자료를 접하지 못한 이들로서는 어쩔 수 없는 시대적 한계였다.

곽점 초간의 출토는 지금까지의 논란을 잠재웠다. 이들 자료의 연구 결과 『대학』은 자사 문인들의 작품이며 저작 연대는 순자와 맹자보다 빠른 전국 시대라는 것이 사실로 받아들여지고 있다. 더욱이 『대학』은 내용, 문체, 언어 발전의 과정에서 『중용』을 계승하고 있다는 궈이의 주장은 이를 반박할 수 있는 확실한 자료가 나올 때까지 앞으로도 계속 설득력 있게 받아들여질 것이다.

4 대학의 의미

『대학』에 나오는 '대학'이라는 용어는 문맥에 따라 의미가 다르다. 예를 들면 주희는 「대학장구서」에서 "『대학』이라는 책은 옛날에 대학에서 학생을 가르치던 법(法, 교육 내용)이다."라고 했다. 여기에는 대학이라는 말이 두 번 나오지만 그 뜻은 서로 다르다. 첫째는 고유 명사로서 『예기』 제42편의 명칭 혹은 사서의 하나인 『대학』을 가리키고, 둘째는 고대에 인재를 양성하던 최고 학부 즉 태학(太學)과 같은 뜻으로 쓰였다. '학생을 가르치던 법'도 대학이라고 불렀는데 이때 대학은 특정한 학문이나 사상을 가리킨다.

그 후 대학은 '태학에서 학생을 가르치는 법'이라 하여 위의 두 가지 의미를 모두 가지고 있었다. 이것은 한 대, 당 대에는 보편적인 일이었다. 그러나 주희는 '대(大)'를 본래 의미로 해석하여 대학을 '대인지학(大人之學)'이라는 의미로 이해했다. '대인'이란 덕을 쌓아 성인군자가 된 사람을 뜻한다. 그러므로 주희가 말하는 "『대학』은 사람이 학교에 들어가서 사물의 이치를 탐구하고 마음을 바르게 하며 자신을 수양하여 다른 사람을 다스리는" 도를 닦는 내용과 절차를 제시한 글인 셈이다.

대학의 명칭에 관한 또 다른 견해로는 정현의 '박학(博學)'이 있다. 정현은 "대학이란 널리 배운 것을 기억하여 정치에 시행할 수 있는 것"을 말한다고 하며 대학을 '넓고 큰 학문'이라는 뜻이라고 했다. 이 밖에도 송 대 여입무(黎立武)는 대학을 '대성지학(大成之學)'이라고 말했다. '대성'은 백성을 교화하고 풍속을 개량하는 것으로서 그것이 학문으로서의 대학이 추구해야 할 목표라는 것이다.

5 『대학』의 사상

『대학』은 사서 가운데 가장 간단명료한 글로서 그 내용은 두 가지 측면에서 말할 수 있다. 하나는 우리 자신의 고유한 밝은 본성을 갈고닦아서 가장 이상적인 인문 세계를 실현하는 길을 제시해 주는 책이고, 다른 하나는 최고 학부에서 인재를 길러 내는 교육 차원의 교과서다. 여기서 말하는 최고 학부는 나라를 경영하고 백성을 다스릴 귀족 계급 출신의 학생들을 가르치는 곳이다. 그러므로 『대학』은 유가의 인간학이며 정치철학이라고 할 수 있다.

『대학』은 "대학의 길은 밝은 덕을 밝히는 데 있고〔明明德〕, 백성들과 친하게 되는 데 있으며〔親民〕, 지극한 선의 경지에 머무는 데 있다.〔止於至善〕"로 시작된다. 후일 송 대의 주희는 『대학장구』를 짓고 『대학』을 사서의 한 권으로 정하면서 이 첫 세 구절을 삼강령으로, 이어서 나오는 격물(格物)·치지(致知)·성의(誠意)·정심(正心)·수신(修身)·제가(齊家)·치국(治國)·평천하(平天下)를 팔조목으로 명명했다. 그 후 이 명칭은 보편적으로 사용되기 시작했다.

주희는 삼강령에서 친민(親民)의 친(親) 자를 신(新) 자로 바꾸어 "백성을 새롭게 하는 데 있다."로 풀이했는데, 『대학』의 교육 목적에서 보면 이 두 가지 해석은 상충되는 것이 아니다. 자신의 밝은 덕을 닦아서 백성과 친하고 또 백성을 새롭게 한다는 의미에서 '명명덕'과 '친(신)민'은 본말의 관계에 있으며 '지어지선'은 이를 통해 통치자가 지향하는 목적지라고 할 수 있기 때문이다.

이 점에서 『대학』은 유가의 정치철학 혹은 제도에 관한 책이기도 하다. 최고의 경지인 지선(至善)은 밝은 덕을 유지하며 백성과 친하고 또 백성을 새롭게 하는 실천을 전개하여 이룩한 도덕적 사회의 경지다. 그래서 지선은 사람이 살고 싶어 하는 이상적인 삶의 터전인 동시에 우리가 살아가는 실제 세계다. 이 점에서 주희의 '백성을 새롭게 만든다'는 뜻과 왕수인의 '백성과 친해진다'는 뜻은 서로 충돌하지 않고 모두 받아들일 수 있다는 의미다.

사람은 태어날 때부터 인의예지의 도덕적 본성을 가지고 있다. 이 착한 본성을 밝은 덕이라고 한다. 『대학』에서는 우리가 이 밝은 덕을 본래대로 유지하며 삶의 가치를 높임으로써 온전한 인격의 경지인 성현에 도달하는 길을 설명하고 있다. 다시 말해서 『대학』은 도덕적 수양을 기초로 하여 성현이 될 수 있는 순서를 제시한 글이다. 이 과정의 구체적인 방안이 팔조목 여덟 가지다.

만사만물은 반드시 '그렇게 된 까닭'과 '당연히 그렇게 행위해야 할 법칙' 즉 이치(理)가 있다. 사람은 누구나 이치를 알고 있지만 그것을 명백하게 알지 못하면 그 앎은 어리석음에 가려진다. 그래서 명백한 앎을 이루려면 직접 사물과 사건과 부딪쳐서 그 이치를 관찰해야 한다. 이것이 격물이다. 격물을 하여 만사만물의 이치가 명백하게 인식된 것을 앎이 이루어졌다고 한다. 앎이 이루어지면 뜻이 진실해지고, 뜻이 진실해지면 마음이 바르게 되며, 마음이 바르게 되면 몸이 수양되고, 몸이 수양되면 가정이 다스려지며, 가정이 다스려지면 나라가 다스려지고, 나라가 다스려지면 천하가 태평하게 된다.

결국 『대학』의 가르침은 도덕적으로 완전한 인격을 소유한 성인이 치국평천하하는 데 목적이 있다. 즉 도덕적 인격의 완성을 추구하는 것은 그것에서 끝나지 않고 유가적 의미의 이상 사회를 달성하기 위함이다. 송명 시대에는 『대학』이 이상 사회의 추구보다는 도덕 교육과 도덕 수양의 울타리에 갇혔던 점을 부인할 수 없다. 이러한 점을 보완하기 위해 팔조목을 현대적으로 해석하고 『대학』이 가진 치국평천하의 의미를 되살려 놓은 학자가 머우쭝싼과 쉬푸관이다. 그들은 격물의 물(物)을 성의·정심·수신·제가·치국·평천하의 의(意)·심(心)·신(身)·가(家)·국(國)·천하(天下)라는 실제 대상으로 규정하고, 치지의 지(知)를 성의·정심·수신·제가·치국·평천하의 성(誠)·정(正)·수(修)·제(齊)·치(治)·평(平)이라는 행위로 규정했다. 이것은 『대학』을 대학지도(大學之道)로 돌아오게 한 독창적 견해라고 할 수 있다.

삼강령과 팔조목을 대응시켜 살펴보면 격물·치지·성의·정심·수신의 다섯 조목은 명덕을 밝히는 수양들이고 제가·치국·평천하는 백성을 새롭게 하고 친근해져서 백성과 한마음이 되는 것이다. 사람은 격물·치지를 통해 지선의 경지를 인식하게 되고, 성의·정심·수신·제가·치국·평천하를 얻어 지선의 세계에 머무르게 된다.

결론적으로 『대학』은 유가적 이상형의 인간을 완성하고 이를 실제 세계로 확대하여 이상 사회를 건립하는 방법을 제시한 책이다. 그래서 『대학』에서는 먼저 수신의 방법을 논하고 이를 통해서 인간이 이룰 수 있는 최고의 경지를 말한다. 다시 말해서 『대학』은 단지 밝은 덕으로서의 착한 본성인 인성을 갈고닦아 최고의 경지인 지선에 이르고 또 이에 기초하여 평천하하는 방안을 제시한다.

『대학』은 단행본으로 성립되는 과정과 책을 지은 저자의 문제 그리고 내용의 해석에 관한 문제가 복잡하게 얽혀 있어 사서 가운데 가장 문제의 소지가 많은 것도 사실이다. 그러나 『대학』의 특징은 유가적 인간학과 이에 기초한 유가적 이상 사회를 구현하는 방안을 제시하는 방법론에 있으므로 사서 가운데서 가장 독특한 성격을 지니고 있다고도 할 수 있다.

역자들을 대신하여
김병채 삼가 씀

차례

대학

경(經)

대학의 도(道)는 자신의 밝은 덕성을 밝히는 데 있고, 백성을 자기 몸처럼 아끼는 데 있으며, 지극한 선의 경지에 머무는 데 있다.

마땅히 머물러야 할 지극한 선의 경지를 안 뒤에야 마음이 향할 방향이 정해지고, 마음이 향할 방향이 정해진 뒤에야 마음이 흔들리지 않을 수 있으며, 마음이 흔들리지 않은 뒤에야 어떤 상황에서나 편안할 수 있고, 어떤 상황에서나 편안하게 된 뒤에야 일을 정밀하고 자세하게 처리하도록 생각할 수 있으며, 일을 정밀하고 자세하게 처리하도록 생각하게 된 뒤에야 머물러야 할 곳을 얻을 수 있다.

만물에는 근본과 말단이 있고 온갖 일에는 마무리와 시작이 있으니, 먼저 하고 나중에 할 것을 알면, 도에 가깝다.

옛날에 자신의 밝은 덕성을 천하에 밝히고자 하는 사람은 먼저 자기 나라를 다스리고, 자기 나라를 다스리고자 하는 사람은 먼저 자기 집안을 정돈하며, 자기 집안을 정돈하고자 하는 사람은 먼저 자기 자신을 수양한다. 자기 자신을 수양하고자 하는 사람은 먼저 자신의 마음을 바르게 하고, 자신의 마음을 바르게 하고자 하는 사람은 먼저 자신의 뜻을 성실하게 하며, 자신의 뜻을 성실하게 하고자 하는 사람은 먼저 자신의 (도덕적) 앎을 넓히고 투철하게 한다. 자신의 앎을 넓히고 투철하게 함은 사물의 이치를 궁구함에 달려 있다.

사물의 이치가 궁구된 뒤에야 자신의 (도덕적) 앎이 넓어지고 투철하게 되며, 자신의 앎이 넓어지고 투철하게 된 뒤에야 자신의 뜻이 성실하게 되며, 자신의 뜻이 성실하게 된 뒤에야 자신의 마음이 바르게 된다. 자신의 마음이 바르게 된 뒤에야 자기 자신이 수양되고, 자기 자신이 수양된 뒤에야 자기 집안이 정돈되며, 자기 집안이 정돈된 뒤에야 자기 나라가 다스려지고, 자기 나라가 다스려진 뒤에야 천하가 태평하게 된다.

천자로부터 서민에 이르기까지 한결같이 자기 자신을 수양함을 근본으로 한다. 그 근본이 어지러우면서 말단이 가지런한 경우는 없다. 그 돈후하게 할 것을 각박하게 하면서 그 각박하게 할 것을 돈후하게 하는 경우는 없다.[1]

I '자신의 밝은 덕성을 밝힘〔明明德〕', '백성을 자기 몸처럼 아낌〔親民〕', '지극한 선의 경지에 머묾〔止於至善〕'을 『대학』의 삼강령(三綱領)이라 한다. 그리고 '사물의 이치를 궁구함〔格物〕', '자신의 앎을 넓히고 투철하게 함〔致知〕', '자신의 뜻을 성실하게 함〔誠意〕', '자신의 마음을 바르게 함〔正心〕', '자기 자신을 수양함〔修身〕', '자기 집안을 정돈함〔齊家〕', '자기 나라를 다스림〔治國〕', '천하를 태평하게 함〔平天下〕'을 『대학』의 팔조목(八條目)이라 한다.

전(傳) 1장

「강고」 편에서 "덕을 밝힐 수 있다."라고 했다. 「태갑」 편에서 "하늘의 밝은 명을 늘 생각하고 바르게 받든다."라고 했다. 「제전」 편에서 "큰 덕을 밝힐 수 있다."라고 했다. 이러한 것들은 모두 자신의 덕을 스스로 밝히는 것이다.

전 2장

탕임금의 반명에 "진실로 하루라도 새로워졌거든, 나날이 새롭게 하고 또 날로 새롭게 하라."라고 했다.

「강고」 편에 "새로운 백성이 되게 하라."라고 했다.

『시』²에 이르기를 "주(周)나라는 비록 오래된 나라이나 천명을 얻어 새로운 나라가 되었다."라고 했다.

이 때문에 군자는 (백성을 자기 몸처럼 아끼는 데) 마음을 다 쓰지 않음이 없다.

전 3장

『시』에 이르기를 "사방 천리 나라 안에 백성들이 찾아와 사는구나."라고 했다. 『시』에 이르기를 "자그마한 노란 새가 산언덕 모퉁이에 머무는구나."라고 했다. 선생님께서 말씀하시길 "머물러야 할 곳에서 머물 줄 아니, 사람이 새만 못해서야 되겠는가?"라고 하셨다.

『시』에 이르기를 "아름다운 문왕이여! 아아! 문왕의 덕이 밝게 빛나

2   『시경(詩經)』이다. 고대 중국의 시가를 모아 엮은 경전으로, 본래는 3000여 편이었던 것을 공자가 311편으로 간추려 정리했다고 알려져 있지만, 오늘날 전하는 것은 305편이다.

고, 머물 곳을 공경하는구나!"라고 했다. 임금이 되어서는 어짊에 머무르고, 신하가 되어서는 공경함에 머무르며, 자식이 되어서는 효성스러움에 머무르고, 부모가 되어서는 자애로움에 머무르며, 사람들과 사귈 적에는 믿음에 머무른다.

『시』에 이르기를 "저 기수(淇水)가 굽어 흘러들어 가는 벼랑가 안쪽을 바라보니, 조개풀과 마디풀이 아름답고 무성하구나. 아름다운 군자여! 쪼개 놓은 듯 갈아 놓은 듯하고, 쪼아 놓은 듯 닦아 놓은 듯하네. 엄숙하고 정중하며, 마음이 여유롭고 너그러우며, 빛나고 성대하니, 아름다운 군자여! 끝내 잊을 수가 없구나."라고 했다. '쪼개 놓은 듯 갈아 놓은 듯하다'는 배우는 것이고, '쪼아 놓은 듯 닦아 놓은 듯하다'는 스스로 수양하는 것이다. '엄숙하고 정중하다'는 두려워 떨게 할 만하다는 것이고, '빛나고 성대하다'는 위엄 있고 본받을 만하다는 것이다. '아름다운 군자여! 끝내 잊을 수가 없다'는 성대한 덕과 지극한 선을 백성들이 잊을 수 없다는 것이다.

『시』에 이르기를 "아아, 선대의 왕을 잊을 수 없다."라고 했다. 후세의 군자는 (선대의 왕이) 그 어질게 대해 주셨던 것을 어질게 여기고, 그 친근하게 대해 주셨던 것을 친근하게 여긴다. 후세의 소인은 (선대의 왕이) 그 즐겁게 해 주셨던 것을 즐겁게 여기고, 그 이롭게 해 주셨던 것을 이롭게 여긴다. 이 때문에 선대의 왕이 돌아가신 뒤에도 그 덕을 잊지 못한다.

전 4장

선생님께서 말씀하셨다. "송사를 처리하는 일은 나도 남들과 다를 것이 없다. (그러나) 반드시 송사가 일어나지 않도록 해야 하지 않겠는가?"
진실하지 못한 사람이 허튼소리를 다하지 못하게 함은 (진실하지 못한)
뜻을 가진 백성들을 크게 두려워하게 하기 위함이다. 이를 일러 근본을
안다고 한다.

전 5장

이를 일러 근본을 아는 것이라 하고, 이를 일러 (지각적) 앎의 지극함
이라 한다.

전 6장

자신의 뜻을 성실히 한다는 것은 스스로를 속이지 말라는 것이다. 악
을 미워하기를 악취를 싫어하듯이 하고, 선을 좋아하기를 여색을 좋아
하듯이 해야 하니, 이를 일러 마음과 정신이 저절로 편안하고 고요해지
는 것이라 한다. 그러므로 군자는 반드시 그 자신이 홀로 있을 때 삼가
야 한다.

소인은 일 없이 홀로 있을 때 좋지 않은 일을 함에 못하는 짓이 없다.
그런데 군자를 본 뒤에 계면쩍어하면서 자신의 좋지 않은 점을 숨기고,
자기의 좋은 점을 드러내려 한다. 남이 자기 보기를 마치 그 마음속을
꿰뚫어 보듯이 하니, 그렇다면 (숨기는 것이) 무슨 보탬이 되겠는가? 이
를 일러 마음속에 성실함이 가득하면 몸 밖으로 나타난다고 한다. 그
러므로 군자는 반드시 그 자신이 홀로 있을 때 삼가야 한다.

증자가 말하기를 "수많은 사람의 눈이 보고 있고, 수많은 사람의 손
가락이 가리키니, 이 얼마나 두려운가!"라고 했다.

부유함이 집을 윤택하게 하듯이 덕은 자신을 윤택하게 하니, 마음이 넓어지고 몸이 빛난다. 그러므로 군자는 반드시 자신의 뜻을 성실히 해야 한다.

전 7장

자기 자신을 수양함이 자신의 마음을 바르게 함에 달려 있다는 것은, 자신이 노여움을 품고 있으면 마음의 바름을 얻지 못하게 되고, 놀라 무서워하는 것이 있으면 마음의 바름을 얻지 못하게 되며, 좋아하고 즐기는 것이 있으면 마음의 바름을 얻지 못하게 되고, 근심 걱정이 있으면 마음의 바름을 얻지 못하게 됨을 뜻한다. 마음이 그 일에 있지 않으면 보아도 보이지 않고, 들어도 들리지 않으며, 먹어도 그 맛을 알지 못한다. 이를 일러 자기 자신을 수양함이 자신의 마음을 바르게 함에 달려 있다고 한다.

전 8장

자기 집안을 정돈함이 자기 자신을 수양함에 달려 있다는 것은, 사람은 그가 친애하는 사람에게 치우치고, 그가 천하게 여기고 미워하는 사람에게 치우치며, 그가 두려워하고 존경하는 사람에게 치우치고, 그가 애처롭고 불쌍히 여기는 사람에게 치우치며, 그가 거만하며 태만하게 대하는 사람에게 치우침을 뜻한다. 그러므로 그 사람을 좋아하면서도 그의 나쁜 점을 알고, 미워하면서도 그의 좋은 점을 아는 사람은 이 세상에 드물다. 그래서 속담에 이런 말이 있다. "사람들은 자기 자식의 나쁜 점을 알지 못하고, 자신의 밭에서 자라는 곡식이 크는 것을 모른다." 이를 일러 자기 자신이 수양되지 않으면 자기 집안을 정돈할 수 없다고 한다.

전 9장

자기 나라를 다스리려면 반드시 먼저 자기 집안을 정돈해야 한다는 것은, 자기 집안사람들을 가르치지 못하면서 다른 사람을 가르칠 수 있는 사람은 없음을 뜻한다. 그러므로 군자는 집을 나가지 않고서도 그 가르침이 온 나라에서 이루어지게 하는 것이다. 효성스러움은 군주를 섬기는 도리이고, 공손함은 어른을 섬기는 도리이며, 자애로움은 백성들을 이끄는 도리이다. 「강고」편에서 "마치 갓난아이를 보살피듯이 한다."라고 했다. 마음으로 정성스럽게 구한다면 비록 꼭 들어맞지는 않을지라도 크게 어긋나지 않을 것이다. 자식 기르는 법을 배우고 나서 시집가는 사람은 없다.

한 집안이 어질면 한 나라에 어진 기풍이 일어날 것이요, 한 집안이 겸양하면 한 나라에 겸양하는 기풍이 일어날 것이요, 한 사람이 탐욕스럽고 괴팍하면 한 나라가 혼란하게 될 것이다. 일이 일어나는 계기가 이와 같으니, 이를 일러 한마디 말이 일을 그르칠 수도 있고, 한 사람이 나라를 안정시킬 수도 있다고 한다.

요임금과 순임금이 어짊으로 천하 사람들을 이끌자 백성들이 그들을 따라 했다. 걸(桀)과 주(紂)가 포악함으로 천하 사람들을 이끌자 백성들이 그들을 따라 했다. 그가 명령하는 것이 그가 좋아하는 것과 상반되면 백성들은 따르지 않는다.

이 때문에 군자는 자신이 먼저 선행을 한 다음에야 남에게 선행을 요구하고, 자기에게 악행이 없게 한 뒤에야 남의 악행을 꾸짖는다. 자기 몸에 자신을 미루어 남에게 미치는 덕(恕)을 간직하고 있지 않으면서 남을 일깨워 줄 수 있는 사람은 아직 없었다. 그러므로 자기 나라를 다스림은 자기 집안을 정돈함에 달려 있다.

『시』에 이르기를 "복숭아나무가 물이 오르니, 그 잎이 무성하도다. 이런 딸이 시집가니 그 집안사람들에게 도리에 맞게 하리라."라고 했다. 자기 집안사람들에게 도리에 맞게 한 뒤에야 나라 사람들을 교화할 수 있다. 『시』에 이르기를 "형에게 도리에 맞게 하고 아우에게 도리에 맞게 하라.(형과 아우 노릇을 도리에 맞게 하라.)"라고 했다. 형과 아우에게 도리에 맞게 한 뒤에야 나라 사람들을 교화할 수 있다. 『시』에 이르기를 "(성인군자는) 예법에 맞는 몸가짐이 한결같으니, 천지 사방의 어른이로다."라고 했다. 아버지, 자식, 형, 동생 노릇 함이 본받을 만한 뒤에야 백성들이 그를 본받는다. 이를 일러 자기 나라를 다스림이 자기 집안을 정돈함에 달려 있다고 한다.

전 10장

천하를 태평하게 함이 자기 나라를 다스림에 달려 있다는 것은, 윗사람이 노인을 존중하면 백성들에게 효성스러운 마음이 생겨나고, 윗사람이 어른을 공경하면 백성들에게 공경하는 마음이 생겨나며, 윗사람이 외롭고 약한 이를 구제하면 백성들이 이들을 저버리지 않음을 뜻한다. 그래서 군자에게는 자기의 처지를 미루어 남의 처지를 헤아리는 도가 있다.

윗사람에게 싫었던 것으로 아랫사람을 부리지 말라. 아랫사람에게 싫었던 것으로 윗사람을 섬기지 말라. 앞사람에게 싫었던 것으로 뒷사람을 이끌지 말라. 뒷사람에게 싫었던 것으로 앞사람을 따르지 말라. 오른쪽 사람에게 싫었던 것으로 왼쪽 사람을 사귀지 말라. 왼쪽 사람에게 싫었던 것으로 오른쪽 사람을 사귀지 말라. 이것을 자기의 처지를 미루어 남의 처지를 헤아리는 도라고 한다.

『시』에 이르기를 "즐거운 군자여, 백성의 부모니라."라고 했다. 백성들이 좋아하는 것을 좋아하고 백성들이 싫어하는 것을 싫어하니, 이러한 사람을 백성의 부모라고 한다.

『시』에 이르기를 "우뚝 솟은 저 남산이여, 바윗돌이 첩첩이 쌓여 높고 험하구나. 위세 등등한 태사 윤이여, 백성들이 모두 너를 쳐다보누나."라고 했다. 나라를 가진 임금은 삼가지 않으면 안 된다. 치우치게 되면 천하 사람들에게 죽임을 당한다.

『시』에 이르기를 "은나라가 아직 백성을 잃지 않았을 때에는, 덕이 상제(上帝)에 어울릴 만했다. (어진 임금은) 마땅히 은나라 때의 일을 거울삼아야 한다. 천명을 받들기는 쉽지 않다."라고 했다. 백성을 얻으면 나라를 얻고, 백성을 잃으면 나라를 잃음을 말한다.

그러므로 군자는 먼저 자신의 덕에 신중을 기해야 한다. 덕이 있으면 곧 사람들이 있게 되고 사람들이 있으면 곧 토지가 있게 되며, 토지가 있으면 곧 재물이 있게 되고 재물이 있으면 곧 국가의 재정이 넉넉해진다. 덕이라는 것은 근본이요, 재물이라는 것은 말단이다. 근본을 소홀히 하고 말단을 가까이 하면, 이익을 다투는 백성들이 남의 재물을 강제로 빼앗게 된다. 그러므로 재물을 모으면 백성이 흩어지고, 재물을 나누어 주면 백성이 모여든다. 그러므로 군주가 민심에 어긋난 말을 하면 또한 백성들도 군주의 말을 거역하고, 재물을 도리에 맞지 않게 모으면 또한 재물도 도리에 맞지 않게 나간다.

「강고」 편에서 "오직 천명은 일정한 곳에 있지 않다."라고 했으니, 선하면 그것을 얻고 선하지 못하면 그것을 잃음을 말한다. 『초서』에 이르기를 "초나라는 다른 것을 보배로 여기지 않고, 오직 선한 사람을 보배로 여긴다."라고 했다. 구범이 말하기를 "망명 중인 사람은 다른 것을 보배로 여기지 말고, 어짊의 도리를 자기 몸처럼 아끼는 것을 보배로 여겨야 한다."라고 했다.

「진서」 편에서 "지조가 굳고 성실하지만 별다른 재능은 없는 어떤 신하가 그 마음은 너그러워서 포용력이 있는 듯하다. 남이 가진 재능을 마치 자기가 지닌 듯이 하고, 다른 사람의 훌륭함과 명철함을 그 마음으로 좋아하는 것이 그 입으로 칭찬하는 것보다 더하다면, 이런 사람은 남의 훌륭한 점을 포용할 수 있으니 우리 자손과 백성을 보존할 수 있고, (우리에게) 이로움이 있기를 바랄 수 있겠구나! 남이 가진 재능을 질투하고 증오하며, 다른 사람의 훌륭함과 명철함을 어그러뜨리고 억눌러 물리쳐서 임금에게 통하지 못하게 하면, 이런 사람은 남을 포용할 수 없기에 우리 자손과 백성을 보존하지 못할 것이니, 또한 위태롭다 하겠구나!"라고 했다.

오직 어진 사람만이 악인을 사방의 오랑캐 땅으로 내쫓고 중원 땅에서 함께 살지 못하게 한다. 이를 일러 오직 어진 사람만이 사람을 사랑할 수 있고 사람을 미워할 수 있다고 한다.

현명한 사람을 보고서도 천거하지 못하고, 천거하더라도 그를 나보다 앞세우지 못함은 천거하는 일에 태만한 것이다. 선하지 못한 사람을 보고서도 물리치지 못하고, 물리치더라도 멀리하지 못함은 잘못이다. 다른 사람이 싫어하는 것을 좋아하고, 다른 사람이 좋아하는 것을 싫어하는 것, 이것을 사람의 성품(性稟)을 거역하는 것이라 하니, 재앙이 반드시 그 자신에게 미칠 것이다.

그러므로 군자에게 큰 도리가 있으니, 반드시 충실함과 믿음으로써 그것을 얻고, 교만함과 방자함으로써 그것을 잃는다. 재물을 늘리는 데 큰 도리가 있으니, 생산하는 사람은 많고 먹는 사람은 적으며, 일하는 사람은 빨리하고 쓰는 사람은 천천히 하면, 재물이 항상 풍족하다.

어진 사람은 재물로써 자신을 일으키고, 어질지 못한 사람은 자신의 몸을 망쳐서 재물을 일으킨다. 윗사람이 어짊을 좋아하는데 아랫사람이 의로움을 좋아하지 않는 경우가 없고, 의로움을 좋아하면서 그의 일이 이루어지지 않는 경우가 없으며, 창고의 재물이 그의 재물이 아닌 경우가 없다.

맹헌자가 말하길 "(마차 한 대를 보유한) 대부는 닭과 돼지에게서 이익을 살피지 않는다. (제사에 얼음을 쓰는) 경대부는 소와 양을 기르지 않는다. 마차 100대를 소유한 집안은 재물을 탐내어 마구 거둬들이는 신하를 키우지 않는다. 재물을 탐내어 마구 거둬들이는 신하를 두기보다는 차라리 도적질하는 신하를 두는 것이 낫다."라고 했다. 이를 일러 나라는 재물을 이롭게 여기지 않고, 의로움을 이롭게 여긴다고 한다.

나라와 집안의 어른 노릇을 하면서도 사사로이 재물을 모으고 쓰는 데 힘쓰는 자는 스스로 소인이 되는 행동을 하는 것이다. 군주가 (어짊과 의로움으로써) 나라를 잘 다스리고자 하면서도 소인을 등용해 나라를 다스리게 한다면 하늘의 재앙과 사람의 해악이 함께 닥칠 것이니, 비록

현명하고 유능한 사람이 있어도 또한 어찌할 수 없다. 이를 일러 나라
는 재물을 이롭게 여기지 않고, 의로움을 이롭게 여긴다고 한다.

해설

경

大學之道, 在明明德, 在親民, 在止於至善.

대학의 도는 자신의 밝은 덕성을 밝히는 데 있고, 백성을 자기 몸처럼 아끼는 데 있으며, 지극한 선의 경지에 머무는 데 있다.

大學之道(대학지도)　주희는 대학을 대인지학(大人之學) 즉 대인이 되는 학문이라 했다. 대인은 두 가지 뜻으로 해석할 수 있다. 첫째, 성인이나 군자처럼 훌륭한 덕이 있는 사람이고, 맹자가 말하는 갓난아이의 마음〔赤子之心, 순진한 마음〕을 잃지 않은 사람이다. 둘째, 천자나 경대부처럼 높은 지위에 있는 사람이다. 공영달(孔穎達)은 널리 배워서 정치를 할 수 있도록 기록한 것이 대학이라 했다. 대학지도의 도(道)는 대인이 되기 위한 학문의 방법과 강령이다.

大學(대학)과 小學(소학)　주희는 「대학장구서」에서 말하기를 "사람이 태어난 지 8세가 되면 천자와 제후로부터 아래로 서민의 자제에 이르기까지 모두 소학(小學)에 들어가게 해 물 뿌리고 비질하며 손님을 접대하고 어른 앞에 나아가고 물러가는 예절과 예(禮), 악(樂), 사(射), 어(御), 서

(書), 수(數)의 글을 가르치고, 15세에 이르면 천자의 적자(嫡子)와 그 외의 아들들로부터 공경대부(公卿大夫)와 원사(元士)의 적자, 모든 백성의 우수한 이에 이르기까지 모두 태학(太學)에 들어가게 해 이치를 궁구하고 마음을 바르게 하며 몸을 수양하고 사람을 다스리는 도리를 가르쳤다."라고 했다. 한 대에는 아동이 소학에 들어가서 문자학을 배웠기에 소학이라 하고, 『한서(漢書)』 「예문지(藝文志)」에서 "옛적에는 8세에 소학에 들어갔기 때문에, 주관(周官) 보씨(保氏)가 공경대부의 자제를 교육시키는 일을 맡아서 그들에게 육서(六書)인 상형(象形)과 상사(象事), 상의(象意)와 상성(象聲), 전주(轉注)와 가차(假借) 등 문자를 만드는 근본을 가르쳤다."라고 했다.

明明德(명명덕) 앞의 명은 동사로서 '밝히다'라는 뜻이다. 명덕은 공영달에 따르면 자신의 광명(光明)한 덕이고, 주희에 따르면 하늘로부터 얻어 광명정대(光明正大)한 것으로 허령불매(虛靈不昧, 마음에 잡스러운 것이 없고 영묘하여 어둡지 않음)하여 온갖 이치를 갖추고 만사에 응하는 것이다. 왕수인은 영명(靈明, 신령스럽고 명석하며 민첩함)한 덕이라 했다.

親民(친민) 민은 백성이다. 주희는 정이의 주장을 받아들여 친(親) 자를 신(新) 자가 잘못 쓰인 것으로 보고 '새롭게 하다'로 해석했다. 신은 혁신(革新), 갱신(更新)의 뜻이다. '신민'이란 대인이 자신의 명덕을 밝힐 뿐만 아니라, 또한 그것을 미루어 백성들로 하여금 자신의 과오를 고쳐서 새 사람이 될 수 있도록 한다는 뜻이다. 왕수인은 『대학』 고본(古本)에 친(親) 자로 되어 있으니 그대로 친으로 해석해야 한다고 주장했다. 친은 친애(親愛)로서 자기 몸처럼 아낀다는 뜻이고, 친민은 모든 사람과 일체가 되는 것을 뜻한다.

止於至善(지어지선) 지(止)에 대하여 공영달은 머물러 처한다[止處]는 뜻이라 했고, 주희는 목표(지선)에 도달하면 반드시 다른 곳으로 옮겨 가지 않는다고 풀었다. 지선에 대하여 공영달은 가장 좋은 행실이라 했고,

주희는 최고의 원만한 경지로서 마땅히 그래야 할 사리(事理)의 표준(슬퍼해야 할 때 슬퍼하고, 성내야 할 때 성내는 등등)이라 했다. 따라서 지어지선이란 가장 완전하여 결함이 없는 경지에 처한다는 뜻이다. 장보첸(蔣伯潛)은 지(止)를 정지(停止)나 종지(終止)가 아니라 달성과 유지의 뜻으로 해석했다. 그에 따르면, 지어지선은 지선을 최후의 목적으로 하여 반드시 달성해야 하고 중도에 포기해서는 안 된다는 뜻이다.

知止而後有定, 定而後能靜, 靜而後能安, 安而後能慮, 慮而後能得.
마땅히 머물러야 할 지극한 선의 경지를 안 뒤에야 마음이 향할 방향이 정해지고, 마음이 향할 방향이 정해진 뒤에야 마음이 흔들리지 않을 수 있으며, 마음이 흔들리지 않은 뒤에야 어떤 상황에서나 편안할 수 있고, 어떤 상황에서나 편안하게 된 뒤에야 일을 정밀하고 자세하게 처리하도록 생각할 수 있으며, 일을 정밀하고 자세하게 처리하도록 생각하게 된 뒤에야 머물러야 할 곳을 얻을 수 있다.

知止:(지지) 인간이 달성하고 유지해야 할 지선의 경지를 아는 것이다. 즉 명명덕, 친민, 지어지선에 대해 아는 것을 뜻한다. 주희는 지어지선을 통해 정(定), 정(靜), 안(安), 려(慮), 득(得)의 다섯 가지 효과를 얻을 수 있다고 했다.
定(정) 공영달은 마음이 안정되어 그 마음을 바뀌게 할 수 있는 것이 없다 했고, 주희는 마음이 향할 방향을 정하는 것이라 했다.
靜(정) 공영달은 고요해서 조급하게 추구하지 않는 것이라 했고, 주희는 마음이 함부로 흔들리지 않는 것이라 했다.
安(안) 공영달은 성정(性情)이 편안하고 온화한 것이라 했고, 주희는 어떤 상황에서나 편안할 수 있는 것이라 했다. 주희에 따르면, 정(定)은 이

치의 측면에서, 정(靜)은 마음의 측면에서, 안(安)은 몸의 측면에서 말한
것이다.

慮(려) 공영달은 일에 대해 사려(思慮)할 수 있는 것이라 했고, 주희는
일을 정밀하고 자세하게 처리할 수 있도록 생각하는 것이라 했다.

得(득) 공영달은 일을 적절하게 처리할 수 있게 되는 것이라 했고, 주희
는 머물러야 할 곳을 얻는 것이라 했다. 이는 지선(至善)의 도리를 실천한
다는 의미다.

해설 위 문장을 공영달에 따라 번역하면 다음과 같다. "지극히 선한 데에
머무를 줄 안 뒤에 마음이 안정되어 바뀌게 할 수 있는 것이 없고, 마음
이 안정되어 바뀌게 할 수 있는 것이 없게 된 뒤에 마음이 고요하여 조급
하게 추구하지 않을 수 있으며, 마음이 고요하여 조급하게 추구하지 않
은 뒤에 성정이 편안하고 평화로울 수 있고, 성정이 편안하고 평화로운
뒤에 일에 대해 제대로 사려할 수 있으며, 일에 대해 제대로 사려할 수
있은 뒤에 일을 적절하게 처리할 수 있게 된다."

物有本末, 事有終始, 知所先後, 則近道矣.

**만물에는 근본과 말단이 있고 온갖 일에는 마무리와 시작이 있으니, 먼저 하
고 나중에 할 것을 알면, 도에 가깝다.**

物(물), 事(사) 공영달은 물이 천하의 만물이고, 사가 천하의 온갖 일이
라 했다. 정약용에 따르면, 물은 뜻(意)·마음(心)·자신(身)·가정(家)·국가
(國)·천하(天下)를 말하고, 사는 정성됨(誠)·바름(正)·수양함(修)·정돈함
(齊)·다스림(治)·태평함(平)을 말한다.

本末(본말) 본말은 나무에 비유된다. 그래서 근본은 뿌리요 말단은 가
지와 잎과 같다. 뿌리가 튼튼하지 않으면 가지와 잎이 무성할 수 없고,

가지와 잎이 무성하지 않으면 뿌리도 튼튼하지 못하게 된다. 주희는 명덕(明德)이 근본이고 신민(新民)이 말단이며, 지지(知止)가 시작이고 능득(能得)이 마무리라 했다. 정약용은 뜻〔意〕·마음〔心〕·자신〔身〕이 근본이고, 가정〔家〕·국가〔國〕·천하(天下)가 말단이라 했다.

終始(종시) 정약용은 시가 성의(誠意)의 성, 정심(正心)의 정, 수신(修身)의 수이고, 종이 제가(齊家)의 제, 치국(治國)의 치, 평천하(平天下)의 평이라 구분하며, 성(誠)이 시종(始終)을 관철하는 것이라 했다. 이처럼 성이 '성의'로부터 '평천하'까지 관철하기 때문에, 『중용』에서는 성을 사물의 시작과 끝이라 했다.

古之欲明明德於天下者, 先治其國. 欲治其國者, 先齊其家. 欲齊其家者, 先修其身. 欲修其身者, 先正其心. 欲正其心者, 先誠其意. 欲誠其意者, 先致其知. 致知在格物也.

옛날에 자신의 밝은 덕성을 천하에 밝히고자 하는 사람은 먼저 자기 나라를 다스리고, 자기 나라를 다스리고자 하는 사람은 먼저 자기 집안을 정돈하며, 자기 집안을 정돈하고자 하는 사람은 먼저 자기 자신을 수양한다. 자기 자신을 수양하고자 하는 사람은 먼저 자신의 마음을 바르게 하고, 자신의 마음을 바르게 하고자 하는 사람은 먼저 자신의 뜻을 성실하게 하며, 자신의 뜻을 성실하게 하고자 하는 사람은 먼저 자신의 (도덕적) 앎을 넓히고 투철하게 한다. 자신의 앎을 넓히고 투철하게 함은 사물의 이치를 궁구함에 달려 있다.

致知(치지) 공영달은 자기가 배우고 익혀서 이미 아는 것을 되살려 내는 것이라 했다. 주희는 치(致)에 대해 내가 이미 알고 있는 것을 끝까지 미루어 나가는 것〔推極〕이라 했다. 왕수인은 내 마음의 양지를 실현하는 것〔致吾心之良知〕이라 했다.

格物(격물) 공영달에 따르면 격은 오다(來)의 뜻으로, "자신이 아는 것이 있으면, 사람을 오게 할 수 있다. 선을 깊이 알면 선한 사람이 오게 되고 악을 깊이 알면 악한 사람이 오게 된다. 선한 일은 사람이 선을 행하는 데 따라와 응하고, 악한 일은 사람이 악한 일을 행하는 데 와서 또한 응한다. 선악이 오는 것은 사람이 좋아하는 바에 연유한다는 것을 말한다." 즉 치지재격물(致知在格物)이란, 선한 사람이나 선한 일을 깊이 알면 선한 사람이나 선한 일이 오게 되고, 악한 사람이나 악한 일을 깊이 알면 악한 사람이나 악한 일이 오게 된다는 뜻이다. 주희에 따르면, 격은 이르다(至)의 뜻이고 물은 사(事)와 같다. 궁구하여 사물의 이치에 이른다 함은 그 극처에 이르지 않음이 없도록 하려는 것을 말한다. 왕수인에 따르면, 격은 바르게 한다는 뜻으로 바르지 않은 것을 바로잡아 바른 데로 돌아가게 하는 것을 말한다. 즉 격물은 정물(正物)이다.

해설 격물치지론(格物致知論)

주희의 격물치지론: 북송의 정이는 격물을 '궁리(窮理, 사물의 이치를 궁구함)'로 해석했다. 성리학을 집대성한 남송의 주희는 정이의 관점을 좇아 "격(格)은 지(至, 이르다)이다. 물(物)은 사(事, 일)이다."라고 했다. 여기서 물은 형상을 지닌 개별적이고 구체적인 사물 내지 자연 운행의 현상에서부터 사람 사이에 이루어지는 일까지 포괄한다. 이처럼 물의 지시 내용이 여러 가지인 만큼 이(理)도 사물의 본질 및 속성, 자연 운행의 규칙과 같은 물리(物理)에서부터 사람이 마땅히 따라야 할 도리인 윤리(倫理)까지 포괄하고 있다. 그러므로 '사물에 이르다'로 해석되는 격물은 사물을 접하여 그 이치, 즉 물리나 윤리를 터득함을 뜻한다. 물론 윤리를 터득하는 데 중점이 있다.

왕수인의 격물치지론: 왕수인은 격물에 대하여, 물(物)을 사(事, 사친(事親), 친민(親民), 독서, 청송(聽訟) 등) 즉 행위로 해석했다. 그래서 격물은 정물(正物), 즉 바르지 못한(不正) 사를 바른(正) 것으로 복귀, 회복시키는

것이라고 해석했다. 주희가 사물의 이치를 파악하는 것으로 격물을 설명하는 것과는 다르게, 왕수인은 양지(良知)로써 사물의 이치를 탐구하는 것이 아니라, 사물들에 양지를 실현시킴으로써 사물을 바르게 하는 것, 즉 사물들이 자신의 위치 내지 가치를 확보하도록 하는 것을 격물로 보았다. 왕수인은 치지(致知)에 대해서도 주희와는 완전히 다른 해석을 하는데, 치지에서 지를 양지로 해석하여, 치지를 치양지(致良知)라고 해석한다. 여기서 치는 확충, 회복 등의 의미이다. 그래서 치양지는 양지를 확충하거나 회복하여 실천한다는 의미가 된다. 왕수인의 이론에서 격물치지를 논리적으로 설명하면, 치지 즉 치양지를 통하여 격물 즉 정물하는 것이 된다. 그러나 치지와 격물, 치양지와 정물은 서로 다른 것이 아니고 치양지(치지)에 정물(격물)이 이미 함축되어 있다고 할 수 있다.

주희나 왕수인의 『대학』 해석에서 누구의 이론이 맞다고 단정할 수는 없다. 왜냐하면 『대학』 자체에 그 본래 의미를 파악할 수 있을 만큼 설명이 충분하지 않기 때문이다. 사실상 『대학』의 체계를 기준으로 누구의 해석이 옳은지 판단하는 것은 불가능하다. 그래서 오늘날의 학자들은 대부분 주희는 자신의 『대학』 해석을 근거로 공자와 맹자를 해석했고, 왕수인은 공자와 맹자를 근거로 『대학』을 해석했다고 말한다.

物格而後知至, 知至而後意誠, 意誠而後心正, 心正而後身修, 身修而後家齊, 家齊而後國治, 國治而後天下平.

사물의 이치가 궁구된 뒤에야 자신의 (도덕적) 앎이 넓어지고 투철하게 되며, 자신의 앎이 넓어지고 투철하게 된 뒤에야 자신의 뜻이 성실하게 되며, 자신의 뜻이 성실하게 된 뒤에야 자신의 마음이 바르게 된다. 자신의 마음이 바르게 된 뒤에야 자기 자신이 수양되고, 자기 자신이 수양된 뒤에야 자기 집안이 정돈되며, 자기 집안이 정돈된 뒤에야 자기 나라가 다스려지고, 자기 나라가

다스려진 뒤에야 천하가 태평하게 된다.

해설 주회에 따르면, 자기 자신을 수양함[修身] 이상은 자신의 밝은 덕을 밝히는[明明德] 일이요, 자기 집안을 정돈함[齊家] 이하는 백성을 새롭게 하는[新民] 일이다. 사물의 이치가 궁구되고[物格] (도덕적) 앎이 넓어지며 투철하게[知至] 되는 것이 머무를 바를 아는 것이요, 자기의 뜻이 성실하게 됨[意誠] 이하는 모두 머무를 바를 얻는 순서이다.

自天子以至於庶人, 壹是皆以修身爲本, 其本亂而末治者否矣. 其所厚者薄, 而其所薄者厚, 未之有也.

천자로부터 서민에 이르기까지 한결같이 자기 자신을 수양함을 근본으로 한다. 그 근본이 어지러우면서 말단이 가지런한 경우는 없다. 그 돈후하게 할 것을 각박하게 하면서 그 각박하게 할 것을 돈후하게 하는 경우는 없다.

自(자) '~로부터'라는 뜻이다.

庶人(서인) 서민, 평민, 백성을 뜻한다.

壹(일) 한결같다는 뜻이다.

해설 위 문장을 공영달의 주석에 따라 번역하면 다음과 같다. "천자에서 일반 백성에 이르기까지 모두 자기 자신을 수양함을 근본으로 한다. 그 근본이 제대로 되지 않고 말단이 제대로 되는 것은 불가능하다. 이것은 마치 중시해야 할 근본적인 일을 소홀히 하고 덜 중시할 일을 중시하는 것과 같다. 그러고도 국가가 잘 다스려지는 경우는 없다."

원래 『대학』 고본에는 경(經)과 전(傳)의 구분이 없었으나, 주회는 여기까지를 경이라 하고, 공자가 말한 것을 증자가 기술한 것이라 했다. 이 다음의 글은 전이라 하여 증자의 뜻을 문인들이 기술한 것이라 했다. 그러나 학계에서는 『대학』을 증자가 지었다는 전통적인 견해에 대해 끊임없이 의혹이 제기되어 왔다. 자세한 내용은 이 책의 해제를 참고.

주희는 다음 1546자를 다시 정리하면서 다음과 같이 말했다. "옛 판본에 착간(錯簡)이 적지 않기에 이제 정이가 정한 것을 따르고 경문(經文)을 다시 고찰하고 연구하여, 별도로 아래와 같이 순서를 만든다. 무릇 전문(傳文)은 경전(經傳)을 다방면으로 인용하여 두서가 없는 듯하나, 문리(文理)가 이어지고 맥락이 살아 있고 깊이와 시종이 지극히 정밀하다. 면밀하게 읽고 상세히 음미하기를 오래하면, 반드시 알게 될 것이기에 이제 여기서 다 해석하지는 않는다."

전 1장

康誥曰: "克明德", 大甲曰: "顧諟天之明命", 帝典曰: "克明峻德", 皆自明也.

「강고」 편에서 "덕을 밝힐 수 있다."라고 했다. 「태갑」 편에서 "하늘의 밝은 명을 늘 생각하고 바르게 받든다."라고 했다. 「제전」 편에서 "큰 덕을 밝힐 수 있다."라고 했다. 이러한 것들은 모두 자신의 덕을 스스로 밝히는 것이다.

> 康誥(강고) 『서경』「주서(周書)」의 편명이다. 주공(周公)이 성왕(成王)의 명을 받아, 동생 강숙(康叔)을 위(衛)나라 제후로 봉하여 은(殷)의 유민(遺民)을 다스리게 한다. 이때 이 편을 지어서 강숙에게 당부의 말을 전했다.
>
> 克(극) 능(能)과 같으니, '~할 수 있다'는 뜻이다.
>
> 大甲(태갑) 『서경』의 편명이다. 대(大)의 음은 '태(太)'로 읽는다. 태갑은 은나라 시조 탕(湯)의 손자이다. 임금에 오른 이후, 예(禮)를 잘 지키지 못해서 이윤에 의해 동궁(桐宮)으로 유배되었다. 태갑이 자신의 잘못을

뉘우친 뒤에, 은나라 수도 박(亳)으로 돌아와서 이 편을 지었다.

顧(고) 정현은 『예기』 주(注)에서 생각하다〔念〕의 뜻으로 해석했다. 그런데 공안국(孔安國)은 『서경』 주에서 "언제나 눈이 여기에 있다."라 했고, 공영달은 이에 대해 "눈앞에 있는 것처럼 생각하고, 언제나 끝까지 진실하게 천명을 봉행(奉行)하여, 하늘의 신령과 땅의 신령을 받든다."라고 했다. 정약용은 돌아보다〔廻視〕로 해석했다.

諟(시) 공영달은 바르다〔正〕라 했고, 주희는 이것〔此〕이라 했다. 『광운(廣韻)』에서는 살피다〔審〕의 뜻이라 했다. 원 대(元代) 진천상(陳天祥)은 『사서음운(四書音韻)』에서 시(諟)에 정(正), 리(理), 체(諦), 심(審)의 뜻만 있고 시(是)나 차(此)의 뜻은 없다고 했다. 정약용도 살펴보다〔審視〕로 해석했다.

明命(명명) 공영달은 뚜렷하게 밝은 하늘의 명령이라 했다. 주희는 하늘이 나에게 준 것이고, 내가 나의 덕으로 삼는 것이라 했다.

帝典(제전) 제는 요임금을 말한다. 「제전」은 「요전(堯典)」으로 『서경』의 편명이다. 이 편은 요임금의 공적을 기록한 글이다.

峻(준) 크다〔大〕 또는 높다〔高〕의 뜻이다.

해설 주희는 여기까지를 전 1장이라 하고, 명명덕을 해석한 것이라 했다.

전 2장

湯之盤銘曰: "苟日新, 日日新, 又日新."

탕임금의 반명에 "진실로 하루라도 새로워졌거든, 나날이 새롭게 하고 또 날로 새롭게 하라."라고 했다.

盤銘(반명) 탕임금이 자신을 경계하기 위해 세숫대야에 새겨 놓았다는 훈계의 글이다. 반은 물을 담는 청동 그릇으로 세면이나 목욕용으로 쓰였다. 명은 청동 그릇에 새겨진 글이다. 그래서 반명은 그릇을 사용할 때

마다 보고 자신을 경각시키기 위한 글이다.

苟(구) 진실로(誠)의 뜻인데, 가정(假定)의 의미로 해석하는 경우도 있다.

新(신) 목욕하여 몸의 때를 씻어 내듯 마음을 깨끗이 하는 것이다.

康誥曰: "作新民."

「강고」편에 "새로운 백성이 되게 하라."라고 했다.

作(작) 공영달에 따르면, 작은 위(爲)로서 '되다'의 뜻이다. 성왕이 관숙
(管叔)과 채숙(蔡叔)을 벌하고 강숙을 제후에 봉하여 은나라 유민들을 다
스리게 할 때, 그 유민들이 주(紂)의 나쁜 풍속에 물들어 있으니 그들을
고쳐서 새로운 백성이 되게 하라고 강숙에게 당부한 글이다. 이 글의 뜻
은 스스로 그 덕을 생각하게 하여 새로운 백성이 되게 하라는 것이다.
주희에 따르면, 작은 '고무한다'는 뜻으로, 스스로 새로워지는 백성을 진
작시킨다는 것이다. 정약용의 『대학공의(大學公議)』에 따르면, 작신(作新)
은 하나의 동사로 흥(興)과 의미가 통한다. 그러므로 '작신민'은 '흥민'이
고, 그 뜻은 '백성을 일으킨다'는 것이다. 즉 백성에게 인(仁), 양(讓), 효
제(孝悌) 등의 도덕적 기풍이 일어나도록 한다는 뜻이다.

詩曰: "周雖舊邦, 其命維新."

『시』에 이르기를 "주(周)나라는 비록 오래된 나라이나 천명을 얻어 새로운 나
라가 되었다."라고 했다.

詩(시) 『시경』「대아(大雅) 문왕(文王)」편이다.

舊邦(구방) 주나라가 세워진 뒤로부터 문왕에 이르기까지 수백 년이 흘

렸으므로 오래된 나라라고 한다.

維(유) 어조사이다.

新(신) 공영달에 따르면, 주나라는 오래된 제후의 나라였지만, 문왕이 천명을 받아서 새롭게 거듭나 천자의 나라가 되었다는 뜻이다. 정약용에 따르면, 위 시는 백성이 새로워지면 나라가 새로워진다는 뜻일 뿐이고, 천명을 받아서 왕업을 일으킨다는 뜻을 취하는 것은 아니다.

是故, 君子無所不用其極.

이 때문에 군자는 (백성을 자기 몸처럼 아끼는 데) 마음을 다 쓰지 않음이 없다.

極(극) 공영달에 따르면 진(盡)으로, 마음을 다한다는 뜻이다. 주희는 자신(自新)과 신민(新民)을 다 지극한 선[至善]의 경지에 그치게 하고자 하는 것이라 했다.

해설 주희는 여기까지를 전 2장이라 하고, 신민을 해석한 것이라 했다.

전 3장

詩云: "邦畿千里, 惟民所止." 詩云: "緡蠻黃鳥, 止于丘隅." 子曰: "於止, 知其所止, 可以人而不如鳥乎?"

『시』에 이르기를 "사방 천리 나라 안에 백성들이 찾아와 사는구나."라고 했다. 『시』에 이르기를 "자그마한 노란 새가 산언덕 모퉁이에 머무는구나."라고 했다. 선생님께서 말씀하시길 "머물러야 할 곳에서 머물 줄 아니, 사람이 새만 못해서야 되겠는가?"라고 하셨다.

詩(시) 첫 번째 시는 『시경』 「상송(商頌) 현조(玄鳥)」 편이다. 은나라 무정

(武丁)이 붕어하여 삼년상을 치르고 그의 선조인 설(契)의 사당에 합사하면서 부른 시가라고 전해진다. 이 시는 상(商)나라 시조의 신이성(神異性)과 관련이 있다. 전설에 따르면 간적(簡狄)이 제비가 떨어뜨린 알을 먹고 잉태하여 설을 낳았다고 한다. 이 시는 무정이 정치를 잘하여 먼저 사방천리 기내(畿內)의 백성들을 안정시키니, 사해(四海)의 제후들이 찾아오고 백성도 불어나며, 자손들이 복록을 누리게 되었다는 것을 찬미하고 있다.

畿(기) 모형(毛亨)의 『시경』 주(注)에서 강(疆), 즉 국경이라고 했다. 은(殷)나라 때에는 국경을 말하고, 주(周)나라 이후에는 천자가 직접 관할하는 도읍지를 말한다.

止(지) 본래 의미는 서식(棲息), 즉 새가 보금자리를 만들어 산다는 뜻이다. 정현도 거(居)의 뜻으로 해석했다. 숲이 무성하면 새가 찾아와 머물 줄 알듯이 왕에게 덕이 있으면 백성들도 찾아와 머문다는 뜻이다.

詩(시) 두 번째 시는 『시경』「소아(小雅) 면만(緜蠻)」편이다.

緜蠻(민만) 모형의 『시경』 주에서 자그마한 새의 모양〔小鳥貌〕이라 했고, 주희는 새의 우는 소리〔鳥聲〕라 했다.

黃鳥(황조) 자그마한 노란 새로서, 꾀꼬리를 가리킨다.

丘隅(구우) 『시경』에는 구아(丘阿)로 되어 있는데, 산언덕이 깊게 굽이져서 외지고 조용한 곳이다. 공영달은 산이 깊고 숲이 울창하며 고요한 곳이라 했다. 새가 서식하기에 안전한 곳이요, 몸이 편안하고 마음이 안정할 수 있는 곳이다. 주희는 산이 높고 숲이 울창한 곳이라 했다.

止于丘隅(지우구우) 공영달에 따르면 작은 관리가 덕 있는 대신(大臣)에게 의탁하는 것을 뜻한다.

詩云: "穆穆文王, 於緝熙敬止." 爲人君止於仁, 爲人臣止於敬, 爲人子止於孝, 爲人父止於慈, 與國人交, 止於信.

『시』에 이르기를 "아름다운 문왕이여! 아아! 문왕의 덕이 밝게 빛나고, 머물 곳을 공경하는구나!"라고 했다. 임금이 되어서는 어짊에 머무르고, 신하가 되어서는 공경함에 머무르며, 자식이 되어서는 효성스러움에 머무르고, 부모가 되어서는 자애로움에 머무르며, 사람들과 사귈 적에는 믿음에 머무른다.

詩(시) 『시경』「대아 문왕」 편이다.

穆(목) 모형의 『시경』 주에서 아름다움〔美〕이라 했고, 주희는 심원(深遠) 함이라 했다.

於(오) 음은 '오(嗚)'이고, 감탄사이다.

緝熙(집희) 정현은 광명(光明)의 뜻으로 해석했다. 주희는 집(緝)을 계속하여 끊임없음〔繼續〕, 희(熙)를 광명의 뜻으로 해석했다.

敬止(경지) 공영달에 따르면 지는 어조사로서, 『시경』의 본의는 문왕이 광명한 덕을 지닌 사람을 공경하는 것이지만, 『대학』의 뜻은 문왕의 덕이 광명함과 그가 머물 곳을 공경함을 찬양하는 것이다. 주희는 "공경하지 않음이 없고 머물 바에 편안히 하지 않음이 없음"이라 했다. 정약용은 "머물 바를 신중히 함"이라 했다. 진굉모(陳宏謀)의 『사서고집요(四書考輯要)』에 따르면, 『시경』에서는 지(止) 자를 어조사로 보아야 하지만, 『대학』에서는 뜻을 가진 글자로 해석해야 하고, 문왕이 그 머물 바를 공경하여 옮기지 않음을 뜻한 것으로 지선(至善)에 머문다는 증거가 된다.

國人(국인) 당시 성(城)에 거주하고 있는 사람들을 가리키며, 오늘날의 일반 사람과 같다.

詩云: "瞻彼淇澳, 菉竹猗猗. 有斐君子, 如切如磋, 如琢如磨. 瑟兮僩兮, 赫兮喧兮. 有斐君子, 終不可諠兮." 如切如磋者, 道學也. 如琢如磨者, 自修也. 瑟兮僩兮者, 恂慄也. 赫兮喧兮者, 威儀也. 有斐君子, 終不可諠兮者, 道盛德至善, 民之不能忘也.

『시』에 이르기를 "저 기수가 굽어 흘러들어 가는 벼랑가 안쪽을 바라보니, 조개풀과 마디풀이 아름답고 무성하구나. 아름다운 군자여! 쪼개 놓은 듯 갈아 놓은 듯하고, 쪼아 놓은 듯 닦아 놓은 듯하네. 엄숙하고 정중하며, 마음이 여유롭고 너그러우며, 빛나고 성대하니, 아름다운 군자여! 끝내 잊을 수가 없구나."라고 했다. '쪼개 놓은 듯 갈아 놓은 듯하다'는 배우는 것이고, '쪼아 놓은 듯 닦아 놓은 듯하다'는 스스로 수양하는 것이다. '엄숙하고 정중하다'는 두려워 떨게 할 만하다는 것이고, '빛나고 성대하다'는 위엄 있고 본받을 만하다는 것이다. '아름다운 군자여! 끝내 잊을 수가 없다'는 성대한 덕과 지극한 선을 백성들이 잊을 수 없다는 것이다.

詩(시) 『시경』「위풍(衛風) 기욱(淇澳)」편이다. 기(淇)는 기수(淇水)를 가리키는 것으로 강숙을 비유하고, 오(澳)는 물가의 땅으로 벼랑가 안쪽〔隈曲之內〕을 말하는데 위나라 조정 내부를 비유한다. 녹죽(菉竹)의 아름답고 무성함은 위나라 무공(武公)의 자질이 아름답고 덕이 성대함을 뜻하니, 강숙의 영향이 미치고 있음을 말한다.

有斐君子(유비군자) 비는 아름답게 꾸미는 것을 뜻한다. 유비군자는 학문과 인격을 닦아서 모습이 아름다운 군자를 뜻한다.

切磋琢磨(절차탁마) 『이아(爾雅)』에서 뼈, 상아, 옥, 돌을 각각 갈고 다듬는 것이라고 해석하지만, 사실상 이 두 구절의 시는 학문과 덕행을 끊임없이 갈고닦아 더욱더 정진한다는 뜻을 담고 있다.

瑟兮僩兮(슬혜한혜) 공영달은 슬을 외모가 정중(鄭重)한 것, 한은 마음이 너그럽고 여유로운 것이라 했다. 주희는 슬을 엄숙하고 치밀한 모습, 한은 용감하고 의연한 모습이라 했다.

赫兮喧兮(혁혜훤혜) 공영달은 혁을 안에 있는 밝은 덕이 밖으로 드러난 것이고, 휜은 밖으로 드러난 위엄 있는 모습을 통해 안에 밝은 덕이 있음을 알게 하는 것이라고 했다. 주희는 휜을 성대한 모습이라 했다.

詩云: "於戱, 前王不忘." 君子賢其賢而親其親, 小人樂其樂而利其利, 此以沒世不忘也.

『시』에 이르기를 "아아, 선대의 왕을 잊을 수 없다."라고 했다. 후세의 군자는 (선대의 왕이) 그 어질게 대해 주셨던 것을 어질게 여기고, 그 친근하게 대해 주셨던 것을 친근하게 여긴다. 후세의 소인은 (선대의 왕이) 그 즐겁게 해 주셨던 것을 즐겁게 여기고, 그 이롭게 해 주셨던 것을 이롭게 여긴다. 이 때문에 선대의 왕이 돌아가신 뒤에도 그 덕을 잊지 못한다.

詩(시) 『시경』「주송(周頌) 열문(烈文)」편이다.
前王(전왕) 문왕과 무왕을 가리킨다.
君子(군자), 小人(소인) 주희에 따르면 군자는 후현(後賢, 후세대의 현인)과 후왕(後王, 후세대의 왕)이고 소인은 후민(後民, 후세대의 백성)이다.
其(기) 공영달에 따르면 현기현이친기친(賢其賢而親其親)의 기는 군자를 말하고, 락기락이리기리(樂其樂而利其利)의 기는 소인을 말한다. 주희는 기를 전왕 즉 선대(先代)의 왕이라 하여 "현기현은 그 (선왕의) 덕업의 훌륭함을 우러러 사모하는 것이요, 친기친은 그 보호하고 길러 주는 은혜를 생각하는 것이다."라고 했다.
沒世(몰세) 정약용은 종신토록[終身]이라 해석해, 전왕이 이미 돌아가신 뒤라고 한 주희의 해석을 반대하기도 했다.
해설 주희는 여기까지를 전 3장이라 하고, 지어지선을 해석한 것이라 했다.

전 4장

子曰: "聽訟, 吾猶人也. 必也使無訟乎?" 無情者不得盡其辭, 大畏民志. 此謂知本.

선생님께서 말씀하셨다. "송사를 처리하는 일은 나도 남들과 다를 것이 없다. (그러나) 반드시 송사가 일어나지 않도록 해야 하지 않겠는가?" 진실하지 못한 사람이 허튼소리를 다하지 못하게 함은 (진실하지 못한) 뜻을 가진 백성들을 크게 두려워하게 하기 위함이다. 이를 일러 근본을 안다고 한다.

子曰(자왈) 『논어』 「안연(顏淵)」 편에 보인다.

無情者(무정자) 공영달에 따르면 정은 실(實) 즉 진실의 뜻이다. 무정자 는 진실하지 못한 사람이다.

大畏民志(대외민지) 공영달에 따르면 허튼 뜻을 가진 사람이 두렵도록 하여 감히 송사를 일으키지 못하게 하는 것이다. 즉 자신의 뜻을 성실히 해야 한다는 것을 말한다. 주희는 나의 밝은 덕이 밝아지면 그 때문에 자연히 백성들에게 두려워하고 복종하는 마음이 생길 것이라고 했다. 장 보첸에 따르면 민지(民志)는 사회를 구성하는 다수의 의지가 표현된 사회 적 제재(制裁, 덕이나 예와 같은 제도)의 뜻이다. 이에 따라 번역하면 "진실하 지 못한 사람이 감히 허튼소리를 못하는 것은 이 사회적 제재를 크게 두 려워하기 때문이다."가 된다.

本(본) 정현에 따르면 성의(誠意)이다.

해설 주희는 여기까지를 전 4장이라 하고, 본말을 해석한 것이라 했다.

전 5장

此謂知本, 此謂知之至也.

이를 일러 근본을 아는 것이라 하고, 이를 일러 (지각적) 앎의 지극함이라 한다.

此謂知本(차위지본) 정이는 이 구절이 연문(衍文, 쓸데없는 글)이라 한다.

此謂知之至也(차위지지지야) 『예기』에서는 이 두 구절이 "기소박자후, 미지유야.(其所薄者厚, 未之有也.)" 뒤에 나오는데, 주희가 여기로 옮겨 놓았다. 주희는 "이 구절 위에 따로 빠진 글이 있고, 이것은 다만 그것을 결론지은 말일 뿐이다."라고 했다. 주희는 그 글은 "아마 격물치지의 뜻을 해석하였는데 지금은 없어졌다."라고 하며, 이른바 보망장(補忘章)이라는 다음과 같은 글을 보충했다. "치지가 격물에 있다고 말하는 것은 나의 앎을 넓혀 충실하고자 한다면 사물을 직접 대하여〔卽物〕 그 이치를 남김없이 궁구해야 한다는 것이다. 대개 인심(人心)의 영명(靈明)함에는 앎이 없는 것이 없고, 천하의 사물에도 그 이치가 없는 것이 없다. 단지 이치를 철저하게 궁구하지 못한 것이 있기 때문에 그 앎이 다 발휘되지 못하는 것이다. 그러므로 대학 교육의 시작은 반드시 배우는 사람들로 하여금 천하의 사물에 다가가서 그 이미 알고 있는 이치를 토대로 더욱 깊이 궁구하여 그 지극한 곳에까지 이르지 않음이 없도록 해야 한다. 이렇게 힘씀이 오래되어 어느 순간 사물의 이치에 환히 관통하게 되면, 뭇 사물의 겉과 속, 그리고 그 정밀함과 조략함에 이르지 않음이 없게 되고, 내 마음의 온전한 본체〔體〕와 위대한 작용〔用〕이 밝아지지 않음이 없게 될 것이다. 이를 '물격'이라 하고, 이를 앎의 지극함이라 한다.〔所謂致知在格物者, 言欲致吾之知, 在卽物而窮其理也. 蓋人心之靈, 莫不有知, 而天下之物, 莫不有理, 惟於理有未窮, 故其知有不盡也, 是以大學始敎, 必使學者, 卽凡天下之物, 莫不因其已知之理而益窮之, 以求至乎其極, 至於用力之久而一旦豁然貫通焉, 則衆物之表裏精粗無不到, 而吾心之全體大用無不明矣, 此謂物格, 此謂知之至也.〕"

해설 주희는 여기까지를 전 5장이라 하고, 격물과 치지를 해석한 것이라 했다.

전 6장

所謂誠其意者, 毋自欺也. 如惡惡臭, 如好好色, 此之謂自謙. 故君子必愼其獨也.

자신의 뜻을 성실히 한다는 것은 스스로를 속이지 말라는 것이다. 악을 미워하기를 악취를 싫어하듯이 하고, 선을 좋아하기를 여색을 좋아하듯이 해야 하니, 이를 일러 마음과 정신이 저절로 편안하고 고요해지는 것이라 한다. 그러므로 군자는 반드시 그 자신이 홀로 있을 때 삼가야 한다.

意(의) 주희는 마음에서 발동하는 것(心之所發)이라고 했고 정약용은 아직 행동으로 드러나지 않은 생각(中心之隱念)이라고 했다. 이 의(意)가 드러나서 지향하는 것이 있게 되면 지(志)가 된다.

毋(무) 금지하는 말로, '~하지 말라'는 뜻이다.

如惡惡臭, 如好好色(여오악취, 여호호색) 주희에 따르면, 악을 미워함에는 악취를 미워하는 것과 같이 하고, 선을 좋아함에는 호색(好色, 여색)을 좋아하는 것과 같이 한다는 뜻이다.

自謙(자겸) 공영달은 마음과 정신이 저절로 편안하고 고요해지는 것이라 했다. 주희는 겸을 협(慊)으로 보고, 쾌(快, 상쾌함, 시원함)와 족(足, 만족함)의 뜻으로 해석했다. 장보첸은 '협'이라고 읽고 '뜻에 맞음'이라 해석했다.

愼獨(신독) 정현은 『중용』 주(注)에서 독(獨)을 혼자 있을 때의 행위라 했다. 주희는 다른 사람은 모르지만 자기 혼자만이 아는 처지나 입장이라 했다. 신독은 자기 혼자만 아는 자기 마음의 움직임을 신중히 살펴보는 것이다.

小人閒居爲不善, 無所不至, 見君子而后厭然, 揜其不善, 而著其善. 人之視己, 如見其肺肝, 然則何益矣? 此謂誠於中形於外, 故君子必愼其獨也.

소인은 일 없이 홀로 있을 때 좋지 않은 일을 함에 못하는 짓이 없다. 그런데 군자를 본 뒤에 계면쩍어하면서 자신의 좋지 않은 점을 숨기고, 자기의 좋은 점을 드러내려 한다. 남이 자기 보기를 마치 그 마음속을 꿰뚫어 보듯이 하니, 그렇다면 (숨기는 것이) 무슨 보람이 되겠는가? 이를 일러 마음속에 성실함이 가득하면 몸 밖으로 나타난다고 한다. 그러므로 군자는 반드시 그 자신이 홀로 있을 때 삼가야 한다.

閒居(한거) 한(閒)은 한가롭다는 뜻으로 한거는 한가롭게 지내는 것이다. 주희는 독처(獨處). 즉 홀로 있음을 뜻한다고 한다.

厭(암) 계면쩍다는 뜻이다.

肺肝(폐간) 글자의 뜻은 인간의 장기인 폐와 간이지만, 여기서는 마음속을 말한다.

曾子曰: "十目所視, 十手所指, 其嚴乎!"

증자가 말하기를 "수많은 사람의 눈이 보고 있고, 수많은 사람의 손가락이 가리키니, 이 얼마나 두려운가!"라고 했다.

曾子(증자) 이름은 삼(參. '참'으로도 읽음), 자(字)는 자여(子輿)이고, 중국 춘추 시대의 유학자이다. 『효경』의 작자라고 전해지나 확실한 근거는 없고, 현재 전하는 『효경』은 진한 시대에 개수(改修)한 것이라는 설도 있다. 증자의 사상은 『증자』 18편 가운데 10편이 『대대례기(大戴禮記)』에 남아 전하는데, 효(孝)와 신(信)을 도덕 행위의 근본으로 한다. 증자는 공자의 도를 계승했고, 그의 가르침은 공자의 손자 자사를 거쳐 맹자에게 전해져 유교 사상사에서 중요한 위치를 차지한다. 공자·안자(顏子)·자사·맹자와 함께 동양 5성(聖)으로 꼽는다.

十目(십목), 十手(십수) 십은 실제의 숫자가 아니라 많음을 표현하는 것으로, 수많은 사람들이 지켜보고 있음을 뜻한다.

其~乎(기~호) 완곡한 반문을 표현한다.

富潤屋, 德潤身, 心廣體胖, 故君子必誠其意.

부유함이 집을 윤택하게 하듯이 덕은 자신을 윤택하게 하니, 마음이 넓어지고 몸이 빛난다. 그러므로 군자는 반드시 자신의 뜻을 성실히 해야 한다.

身(신), 體(체) 신은 자신이고 체는 몸이다.

胖(반) 정현은 광대함[大]이라 했고, 주희는 편안하고 홀가분함[安舒]이라 했다. 『대학의리소해(大學義理疏解)』에 따르면 삼국 시대 오(吳)나라의 제갈각(諸葛恪, 제갈공명의 둘째 동생)은 살이 찌고 윤기가 자르르 흐르다, 혈색이 좋다[肥澤]로 해석했다.

해설 주희는 여기까지를 전 6장이라 하고, 성의를 해석한 것이라 했다. 앞의 네 단락("소위성기의자(所謂誠其意者)"부터 "고군자필성기의(故君子必誠其意)"까지)은 본래 『예기』에서는 "시운첨피기오(詩云瞻彼淇澳)"의 앞에 있던 것이다. 주희는 이 단락들을 여기에다 옮겨 놓고, "소위수신재정기심자(所謂修身在正其心者)"가 이어받게 한다.

전 7장

所謂修身在正其心者, 身有所忿懥, 則不得其正; 有所恐懼, 則不得其正; 有所好樂, 則不得其正; 有所憂患, 則不得其正. 心不在焉, 視而不見, 聽而不聞, 食而不知其味. 此謂修身在正其心.

자기 자신을 수양함이 자신의 마음을 바르게 함에 달려 있다는 것은, 자신이

노여움을 품고 있으면 마음의 바름을 얻지 못하게 되고, 놀라 무서워하는 것이 있으면 마음의 바름을 얻지 못하게 되며, 좋아하고 즐기는 것이 있으면 마음의 바름을 얻지 못하게 되고, 근심 걱정이 있으면 마음의 바름을 얻지 못하게 됨을 뜻한다. 마음이 그 일에 있지 않으면 보아도 보이지 않고, 들어도 들리지 않으며, 먹어도 그 맛을 알지 못한다. 이를 일러 자기 자신을 수양함이 자신의 마음을 바르게 함에 달려 있다고 한다.

> 身有所(신유소) 정이는 신(身)을 마땅히 심(心)으로 고쳐야 한다고 했고 주희도 이를 따랐다. 그런데 정약용은 이렇게 하면 『대학』에 수신(修身)의 구절이 없어지기 때문에, 신을 고치지 말고 본래대로 해석해야 한다고 했다.
> 忿懥(분치) 분노한다는 뜻이다.
> 恐懼(공구) 두려워한다는 뜻이다.
> 好樂(호요) 좋아한다는 뜻이다.
> 해설 주희는 여기까지를 전 7장이라 하고, 정심과 수신을 해석한 것이라 했다.

전 8장

所謂齊其家在修其身者, 人之其所親愛而辟焉, 之其所賤惡而辟焉, 之其所畏敬而辟焉, 之其所哀矜而辟焉, 之其所敖惰而辟焉. 故好而知其惡, 惡而知其美者, 天下鮮矣. 故諺有之曰: "人莫知其子之惡, 莫知其苗之碩." 此謂身不修, 不可以齊其家.

자기 집안을 정돈함이 자기 자신을 수양함에 달려 있다는 것은, 사람은 그가 친애하는 사람에게 치우치고, 그가 천하게 여기고 미워하는 사람에게 치우치며, 그가 두려워하고 존경하는 사람에게 치우치고, 그가 애처롭고 불쌍히 여기는 사람에게 치우치며, 그가 거만하며 태만하게 대하는 사람에게 치우침을 뜻한다. 그러므로 그 사람을 좋아하면서도 그의 나쁜 점을 알고, 미워하면서도 그의 좋은 점을 아는 사람은 이 세상에 드물다. 그래서 속담에 이런 말이 있다. "사람들은 자기 자식의 나쁜 점을 알지 못하고, 자신의 밭에서 자라는 곡식이 크는 것을 모른다." 이를 일러 자기 자신이 수양되지 않으면 자기 집안을 정돈할 수 없다고 한다.

人(인) 일반 사람, 보통 사람(衆人)을 말한다.

之(지) 정현은 인지기소(人之其所)의 지를 나아가다(適)의 뜻으로 해석했다. 주희에 따르면 어(於)와 같아서, '~에 대하여'의 뜻이다.

辟(벽) 벽(僻)과 같은 글자로서 주희는 편(偏, 치우치다)과 같다고 했다. 편은 사람이 자기가 좋아하고 미워하는 사적인 감정에 쏠려서 그 바름(正)을 잃은 것이다. 편견, 편벽 등의 뜻도 갖는다. 정현은 '비(譬)'로 읽고, 비유하다, 깨우치다(喻)의 뜻으로 해석했다. 공영달에 따르면, 만약 내가 그에게 나아가 그가 덕이 있음을 알게 되면 그를 친애하게 되니, 마땅히 돌이켜 그와 나를 견주어 보아야 한다. 그에게 덕이 있어서 내가 그를 친애하는 것이니, 나도 자신을 수양하여 덕이 있게 된다면 또한 많은 사람들이 나를 친애하게 할 수 있다. 따라서 이 글은 '사람은 그가 친애하는 사람에게 나아가서 자기와 견주어 깨친다.'라는 뜻으로, 다른 사람의 행위를 거울삼아 자신의 수양 정도를 반성한다는 뜻이다. 그런데 이 글을 주희에 따라 설명하면, 사람의 마음은 치우치는 일이 많아서 만약 마음으로 그를 애호(愛好)하게 되면 대부분 그의 나쁜 점을 모르게 된다. 또한 만약 그를 혐오하게 되면 그의 좋은 점을 모르게 된다. 그러므로 비록 애호하더라도 그에게 나쁜 점이 있음을 알고, 비록 증오하더라도 그에게 좋은 점이 있음을 알 수 있는 사람은 세상에 드물다는 뜻이다.

碩(석) 대(大)와 같으니 커짐, 자람의 뜻이다.

해설 주희는 여기까지를 전 8장이라 하고, 수신과 제가를 해석한 것이라 했다.

전 9장

所謂治國必先齊其家者, 其家不可敎, 而能敎人者無之, 故君子不出家而成敎於國. 孝者, 所以事君也; 弟者, 所以事長也; 慈者, 所以使衆也. 康誥曰: "如保赤子." 心誠求之, 雖不中不遠矣. 未有學養子而后嫁者也.

자기 나라를 다스리려면 반드시 먼저 자기 집안을 정돈해야 한다는 것은, 자기 집안사람들을 가르치지 못하면서 다른 사람을 가르칠 수 있는 사람은 없음을 뜻한다. 그러므로 군자는 집을 나가지 않고서도 그 가르침이 온 나라에서 이루어지게 하는 것이다. 효성스러움은 군주를 섬기는 도리이고, 공손함은 어른을 섬기는 도리이며, 자애로움은 백성들을 이끄는 도리이다. 「강고」 편에서 "마치 갓난아이를 보살피듯이 한다."라고 했다. 마음으로 정성스럽게 구한다면 비록 꼭 들어맞지는 않을지라도 크게 어긋나지 않을 것이다. 자식 기르는 법을 배우고 나서 시집가는 사람은 없다.

弟(제) 제(悌)와 통하는 것으로, 공경한다는 뜻이다.

如保赤子(여보적자) 적자는 갓난아이다. 태어날 때 붉은색이어서 적자라 한다. 공영달에 따르면, 백성 보살피기를 갓난아이 보살피듯이 하라는 것이다. 어머니는 갓난아이가 바라는 것을 정성스럽게 살펴보는데, 그러면 그가 무엇을 원하는지 정확하게는 알 수 없어도 크게 틀리지는 않게 해 줄 수가 있다. 군주는 이와 같은 마음으로 백성을 보살펴야 한다.

未有學養子而后嫁者也(미유학양자이후가자야) 공영달에 따르면, 어머니가 자식을 기를 때 자연스럽게 사랑하지만 자식의 기욕(嗜慾)에 들어맞는 것은 배워서 아는 것이 아니다. 모두 본심(本心)에 따라 그렇게 한 것뿐이다. 이는 군주의 나라 다스리는 도리를 비유해 말하는 것이다. 말하자면, 자식을 기르는 어머니의 자애로운 마음은 배우지 않아도 본심에서 우러나온다. 위정자가 백성을 다스리는 것은 어머니가 자식을 자애로운 마음으로 기르는 것과 같다. 그러므로 위정자가 자애로운 마음으로 백성들을 보살피고 또 그들이 만족스러운 생활을 하도록 하면, 백성들은 자연히 법령과 제도를 잘 지킬 것이라는 뜻이다.

一家仁, 一國興仁; 一家讓, 一國興讓; 一人貪戾, 一國作亂. 其機如此. 此謂一言僨事, 一人定國.

한 집안이 어질면 한 나라에 어진 기풍이 일어날 것이요, 한 집안이 겸양하면 한 나라에 겸양하는 기풍이 일어날 것이요, 한 사람이 탐욕스럽고 괴팍하면 한 나라가 혼란하게 될 것이다. 일이 일어나는 계기가 이와 같으니, 이를 일러 한마디 말이 일을 그르칠 수도 있고, 한 사람이 나라를 안정시킬 수도 있다고 한다.

一家(일가), 一人(일인) 모두 군주의 경우를 말한다. 공영달에 따르면, 군주가 자기 집안에서 선을 행하면 다른 사람들도 감화를 받게 된다는 것이다.

機(기) 정현에 따르면, 사물이 발동하는 연유〔發動所由〕이다. 마음에서 기미(機微)가 일어나면 그것이 커져 큰 사건을 만들기 때문에 이렇게 표현한 것이다.

堯舜帥天下以仁, 而民從之. 桀紂帥天下以暴, 而民從之. 其所令反其所好, 而民不從.

요임금과 순임금이 어짊으로 천하 사람들을 이끌자 백성들이 그들을 따라 했다. 걸과 주가 포악함으로 천하 사람들을 이끌자 백성들이 그들을 따라 했다. 그가 명령하는 것이 그가 좋아하는 것과 상반되면 백성들은 따르지 않는다.

帥(솔) 음은 '솔'이고, 거느린다, 통솔한다는 뜻이다.
其所令反其所好, 而民不從(기소령반기소호, 이민부종) 임금 자신은 포악한 짓을 하면서 선을 행하라고 명령하면 백성이 따르지 않는다는 뜻이다.

是故君子有諸己而後求諸人, 無諸己而後非諸人. 所藏乎身不恕而能喩諸人者, 未之有也. 故治國在齊其家.
이 때문에 군자는 자신이 먼저 선행을 한 다음에야 남에게 선행을 요구하고, 자기에게 악행이 없게 한 뒤에야 남의 악행을 꾸짖는다. 자기 몸에 자신을 미루어 남에게 미치는 덕을 간직하고 있지 않으면서 남을 일깨워 줄 수 있는 사람은 아직 없었다. 그러므로 자기 나라를 다스림은 자기 집안을 정돈함에 달려 있다.

恕(서) 주희에 따르면, "자기에게 선이 있게 한 뒤에 남의 선을 따질 수 있고, 자기 몸에 악이 없게 한 뒤에야 남의 악을 바로잡을 수 있다. 모두 자기를 미루어서 남에게 미치는 것이니, 이른바 서(恕)이다. 이와 같이 아니 하면 명령한 것이 그가 좋아하는 것과 반대가 되어 백성이 따르지 않을 것이다." 한편 정약용은 서를 추서(推恕)와 용서(容恕)로 구분했다. 추서는 자기 자신의 수양[修己]을 위주로 하여 자기의 선을 행하는 것이고, 용서는 다른 사람을 다스리는 것[治人]을 위주로 하여 남의 악을 관대히 대하는 것이다.

諭(유) 효(曉)와 같으니, 분명하게 깨우쳐 준다는 뜻이다.

詩云: "桃之夭夭, 其葉蓁蓁. 之子于歸, 宜其家人." 宜其家人, 而后可以
敎國人. 詩云: "宜兄宜弟." 宜兄宜弟, 而后可以敎國人. 詩云: "其儀不
忒, 正是四國." 其爲父子兄弟足法, 而后民法之也. 此謂治國在齊其家.
『시』에 이르기를 "복숭아나무가 물이 오르니, 그 잎이 무성하도다. 이런 딸이
시집가니 그 집안사람들에게 도리에 맞게 하리라."라고 했다. 자기 집안사람
들에게 도리에 맞게 한 뒤에야 나라 사람들을 교화할 수 있다. 『시』에 이르기
를 "형에게 도리에 맞게 하고 아우에게 도리에 맞게 하라.(형과 아우 노릇을 도
리에 맞게 하라.)"라고 했다. 형과 아우에게 도리에 맞게 한 뒤에야 나라 사람들
을 교화할 수 있다. 『시』에 이르기를 "(성인군자는) 예법에 맞는 몸가짐이 한결
같으니, 천지 사방의 어른이로다."라고 했다. 아버지, 자식, 형, 동생 노릇 함
이 본받을 만한 뒤에야 백성들이 그를 본받는다. 이를 일러 자기 나라를 다스
림이 자기 집안을 정돈함에 달려 있다고 한다.

詩(시) 첫 번째 시는 『시경』「주남(周南) 도요(桃夭)」 편이다.
夭夭(요요) 공영달은 젊고 씩씩하다〔少壯〕는 뜻으로 해석했다. 대체로
15~19세의 젊은 여자를 말한다. 주희는 젊고 예쁜 모양〔少好貌〕이라 했다.
蓁蓁(진진) 공영달은 그 잎이 무성한 것이라 했다. 모형의 『시경』 주에
서 외모는 아름답고 속은 덕이 있는 것〔有色有德〕이라 했다.
之子(지자) 지는 시(是)의 뜻으로 이런 여자, 즉 시집가는 딸을 말한다.
于歸(우귀) 시집간다는 뜻이다. 우는 왈(曰), 율(聿)처럼 구나 절의 앞 또
는 중간에 쓰는 조사이다. 모형에 따르면, 우는 왕(往)으로 간다는 뜻이
다. 귀는 남자의 집으로 시집가는 것이다.
宜(의) 정현은 합당하다〔當〕라 했고, 주희는 잘하다〔善〕라 했으며, 정약

용은 온화하게 따름[和順]이라 했다.

家人(가인) 남편 집안의 사람들[夫家之人]을 말한다.

詩(시) 두 번째 시는 『시경』 「소아 육소(蓼蕭)」 편이다.

詩(시) 세 번째 시는 『시경』 「조풍(曹風)」 시구(鳲鳩) 편이다.

儀(의) 공영달은 위의(威儀)라 했으니, 예의(禮義)가 밖으로 표현된 것이다. 정현은 집의(執義)라 했으니, 정의(正義)를 견지한다는 뜻이다.

不忒(불특) 정현은 의심하지 않음[不疑]이라 했으니, 이랬다저랬다 하면서 의심하여 딴마음을 먹지 않는 것이다. 주희는 어긋나지 않음이라 했다.

正(정) 모형의 『시경』 주에 따르면 장(長), 즉 어른이라는 뜻이다. 정현에 따르면, "정의를 견지하면 사방 제후국의 우두머리가 될 수 있으니, 후(侯)와 백(伯)으로 임명됨을 말한다." 주희는 『시집전(詩集傳)』에서 '바르게 하다'의 뜻으로 해석했고, 가오형(高亨), 쿠완리(屈萬里), 베이푸셴(輩普賢) 등과 같은 현대 학자들은 주로 준칙, 법도, 모범의 뜻으로 해석한다.

해설 주희는 여기까지를 전 9장이라 하고, 제가와 치국을 해석한 것이라 했다.

전 10장

所謂平天下在治其國者, 上老老而民興孝, 上長長而民興弟, 上恤孤而民不倍, 是以君子有絜矩之道也.

천하를 태평하게 함이 자기 나라를 다스림에 달려 있다는 것은, 윗사람이 노인을 존중하면 백성들에게 효성스러운 마음이 생겨나고, 윗사람이 어른을 공경하면 백성들에게 공경하는 마음이 생겨나며, 윗사람이 외롭고 약한 이를 구제하면 백성들이 이들을 저버리지 않음을 뜻한다. 그래서 군자에게는 자기의 처지를 미루어 남의 처지를 헤아리는 도가 있다.

平(평) 주희는 "상하 사방(上下四旁)이 균형을 이루어 바르게 된다."라고
했다.

老老(노노), 長長(장장) 정현은 노인을 존숭하고 어른을 공경하는 것이
라 했다. 주희는 나의 노인을 노인으로 대접하는 것이라 했다. 정약용은
백성들의 노인을 노인으로 대접하고 백성들의 어른을 어른으로 여기는
것이라 했다.

恤孤(휼고) 공영달은 고를 외롭고 약한 사람이라고 해석했다. 『예기』에
따르면, 아버지가 돌아가신 이는 고자(孤子), 어머니가 돌아가신 이는 애
자(哀子), 부모가 모두 없는 이는 고애자(孤哀子)라 했다. 여기서 말하는
고(孤)는 이 모두에 해당된다. 주희는 아버지가 없는 어린 사람이라 했
다. 정약용은 휼고를 천자가 나라를 위해 죽은 사람의 아들을 대접하는
것이라 했다. 노노, 장장, 휼고의 삼례(三禮)가 모두 태학에서 행한 예라
하고, 태학에서 군주의 자식에게 이러한 예를 가르침으로써 그 법도를
보여 주었다고 했다. 『예기』「교특생(郊特牲)」에서는 "봄에 고아들을 (거
두어) 먹인다."라고 한다. 이것이 태학에서의 휼고의 예이다. 『대대례(大戴
禮)』에 천자가 가을에 태학에 들어가 친히 노인들을 먹였다고 한다. 이것
이 태학에서의 노노의 예이다. 『대대례』는 또한 『예경』「학례(學禮)」(일편
(佚篇), 지금은 없음) 편을 인용해 다음과 같이 말한다. "임금이 동학(東學)
에 들어가서 어버이를 높이고 인(仁)을 귀하게 여기니 친소(親疎)에 순서
가 있게 되고, 남학(南學)에 들어가서는 나이 많은 이를 높이고 신(信)을
귀하게 여기니 장유(長幼)에 순서가 있게 되며, 서학(西學)에 들어가서는
현명한 이를 높이고 덕을 귀하게 여기니 성스러운 덕과 지혜를 가진 이
가 자리에 있게 되고, 북학(北學)에 들어가서는 귀함을 높이고 작위를 존
중하니 귀천(貴賤)에 차등이 있게 된다. 태학에 들어가서는 스승을 잇고
도를 물으니, 덕과 지혜가 자라나 도리를 얻게 된다. 이것이 태학의 장장
의 예이다."

倍(배) 정현에 따르면 버리다〔棄〕의 뜻이다.

絜矩之道(혈구지도) 곱자를 가지고 재는 방법이라는 뜻으로, 자기의 처지를 미루어 남의 처지를 헤아리는 것을 비유한다. 주희는 혈은 헤아리는 것〔度〕이고 구는 그것을 가지고 네모반듯하게 하는 것이라고 했다. 정약용은 혈은 끈으로 물건을 묶어서 그 크기를 헤아리는 것이고, 구는 직각의 자로서 그것을 가지고 네모반듯하게 하는 것이라고 했다.

所惡於上, 毋以使下; 所惡於下, 毋以事上; 所惡於前, 毋以先後; 所惡於後, 毋以從前; 所惡於右, 毋以交於左; 所惡於左, 毋以交於右. 此之謂絜矩之道也.

윗사람에게 싫었던 것으로 아랫사람을 부리지 말라. 아랫사람에게 싫었던 것으로 윗사람을 섬기지 말라. 앞사람에게 싫었던 것으로 뒷사람을 이끌지 말라. 뒷사람에게 싫었던 것으로 앞사람을 따르지 말라. 오른쪽 사람에게 싫었던 것으로 왼쪽 사람을 사귀지 말라. 왼쪽 사람에게 싫었던 것으로 오른쪽 사람을 사귀지 말라. 이것을 자기의 처지를 미루어 남의 처지를 헤아리는 도라고 한다.

詩云: "樂只君子, 民之父母." 民之所好好之, 民之所惡惡之, 此之謂民之父母.

『시』에 이르기를 "즐거운 군자여, 백성의 부모니라."라고 했다. 백성들이 좋아하는 것을 좋아하고 백성들이 싫어하는 것을 싫어하니, 이러한 사람을 백성의 부모라고 한다.

詩(시) 『시경』 「소아 남산유대(南山有臺)」 편이다. 주나라 성왕을 찬미하는 시이다.

只(지) 어조사이다.

詩云: "節彼南山, 維石巖巖. 赫赫師尹, 民具爾瞻." 有國者不可以不愼,
辟則爲天下僇矣.

『시』에 이르기를 "우뚝 솟은 저 남산이여, 바윗돌이 첩첩이 쌓여 높고 험하구
나. 위세 등등한 태사 윤이여, 백성들이 모두 너를 쳐다보누나."라고 했다. 나
라를 가진 임금은 삼가지 않으면 안 된다. 치우치게 되면 천하 사람들에게 죽
임을 당한다.

詩(시) 『시경』 「소아 절남산(節南山)」 편이다. 주나라 유왕(幽王)을 풍자한
시이다.

節(절) 모형의 『시경』 주에서 높고 험준한 모습〔高峻貌〕이라 했고, 주희
는 자른 듯이 높고 큰 모양〔截然高大貌〕이라 했다.

南山(남산) 지금의 종남산(終南山)이다. 시안(西安) 남쪽에 있다.

巖巖(암암) 모형의 『시경』 주에 따르면 돌이 쌓여 있는 모습〔積石貌〕이다.

赫赫(혁혁) 공영달에 따르면 매우 성대한 모습〔顯盛貌〕이다. 여기서는 사
윤의 위세가 등등함을 비유한 말이다.

師尹(사윤) 유왕 때 삼공(三公, 태사(太師), 태전(太傅), 태보(太保)) 가운데
하나인 태사 윤길보(尹吉甫)를 말한다. 대신(大臣)으로서 권력을 남용한
사람으로 전해진다.

有國(유국) 공영달에 따르면 천자나 제후를 말한다.

辟(벽) 정현은 바르지 않고 어긋나 정도(正道)를 잃어버리는 것이라 했
고, 주희는 치우치다〔偏〕의 뜻이라 했다.

詩云: "殷之未喪師, 克配上帝. 儀監于殷, 峻命不易." 道得衆則得國, 失衆則失國.

『시』에 이르기를 "은나라가 아직 백성을 잃지 않았을 때에는, 덕이 상제에 어울릴 만했다. (어진 임금은) 마땅히 은나라 때의 일을 거울삼아야 한다. 천명을 받들기는 쉽지 않다."라고 했다. 백성을 얻으면 나라를 얻고, 백성을 잃으면 나라를 잃음을 말한다.

詩(시) 『시경』「대아 문왕」 편이다.

師(사) 일반 백성〔衆〕의 뜻이다.

未喪師(미상사) 공영달은 『시경』 소(疏)에서 '아직 백성의 마음을 잃지 않았을 때'라고 해석했다.

配上帝(배사제) 정현은 "하늘이 그의 제사를 흠향(歆饗)한다는 것을 일컫는다."라고 했고, 공영달은 "정치와 교화를 시행하는 바가 모두 상천에 어울리게 실행할 수 있다."라고 했다. 또한 주희는 배는 대(對)의 뜻으로 "천하의 군주가 되어 상제에 어울릴 만하다."라고 했다.

儀(의) 정현과 공영달에 따르면 의(宜), 즉 마땅히라는 뜻이다.

監(감) 정현, 공영달, 주희 모두 시(視), 즉 거울삼아 본다는 뜻이라 했다. 그래서 정현은 "은나라 때의 일을 거울삼아 본다."라 했고, 공영달은 "지금 성왕은 마땅히 은나라의 존망(存亡)을 거울삼아 보아야 한다."라고 했다.

峻命(준명) 정현과 주희에 따르면 준은 크다〔大〕의 뜻으로, 준명은 곧 천명이라 할 수 있다.

不易(불이) 난(難), 즉 어렵다는 뜻이다. 공영달은 "이 하늘의 대명(大命)을 받들기는 진실로 쉽지 않으니, 그 어려움을 말한 것이다."라고 했다. 주희에 따르면 천명을 보존하기가 어렵다〔難保〕는 뜻이다.

道(도) 말하다〔言〕의 뜻이다.

是故君子先愼乎德. 有德此有人, 有人此有土, 有土此有財, 有財此有用. 德者本也, 財者末也. 外本內末, 爭民施奪. 是故財聚則民散, 財散則民聚. 是故言悖而出者, 亦悖而入, 貨悖而入者, 亦悖而出.

그러므로 군자는 먼저 자신의 덕에 신중을 기해야 한다. 덕이 있으면 곧 사람들이 있게 되고 사람들이 있으면 곧 토지가 있게 되며, 토지가 있으면 곧 재물이 있게 되고 재물이 있으면 곧 국가의 재정이 넉넉해진다. 덕이라는 것은 근본이요, 재물이라는 것은 말단이다. 근본을 소홀히 하고 말단을 가까이 하면, 이익을 다투는 백성들이 남의 재물을 강제로 빼앗게 된다. 그러므로 재물을 모으면 백성이 흩어지고, 재물을 나누어 주면 백성이 모여든다. 그러므로 군주가 민심에 어긋난 말을 하면 또한 백성들도 군주의 말을 거역하고, 재물을 도리에 맞지 않게 모으면 또한 재물도 도리에 맞지 않게 나간다.

愼(신) 신중, 공손함 등의 뜻으로, 때와 장소와 처지에 맞게 행함을 뜻한다.

人(인) 보통 경대부나 국인(國人, 귀족)을 가리키는데, 여기서는 사람으로 해석한다.

土(토) 공영달은 경토(境土)라 하니, 영토(領土), 영지(領地)를 뜻한다. 주희는 국(國)이라 하니, 제후국을 뜻한다.

本(본), 末(말) 공영달에 따르면, 덕은 재물을 불러들일 수 있고 재물은 덕으로 말미암아 있게 되므로, 덕은 근본이고 재물은 말단이다.

外(외), 內(내) 공영달에 따르면, 외는 소홀힘이고, 내는 가까이함이다.

爭民施奪(쟁민시탈) 공영달에 따르면, "이익을 다투는 사람들이 모두 힘으로 빼앗으려는 마음을 실제 행동으로 옮긴다."라는 뜻이다. 주희는 "그 백성들을 경쟁하고 싸우게 하여, 그들에게 힘으로 빼앗는 것을 가르치는 것이다."라고 했다. 정약용은 "백성들과 서로 싸우며, 억지로 주기도 하고 억지로 빼앗는다."라고 했다. 예를 들어, 보릿고개에 빌려 가기

싫어하는 백성들에게 사창(司倉)의 곡식을 억지로 대여해 주고서, 가을
에 배로 되돌려 받는 것과 같은 경우를 말한다.

言(언) 정현에 따르면 군명(君命)이요, 공영달에 따르면 군주가 시행하는
정치 교화의 말(政敎之言)이다.

悖(패) 역(逆)의 뜻이다. 정현은 "군주가 천명을 거역하면 백성들도 군주
의 말을 거역한다. 윗사람이 이익을 탐하면 아랫사람도 지켜야 할 경계
선을 침범한다."라고 했다.

悖入悖出(패입패출) 정당하지 못하게 모은 재물이 부당하게 나간다는
것은 그 재물을 제대로 사용하지 못하거나 오래도록 소유하지 못한다는
뜻이다.

康誥曰: "惟命不于常." 道善則得之, 不善則失之矣. 楚書曰: "楚國無以
爲寶, 惟善以爲寶." 舅犯曰: "亡人無以爲寶, 仁親以爲寶."

「강고」 편에서 "오직 천명은 일정한 곳에 있지 않다."라고 했으니, 선하면 그것
을 얻고 선하지 못하면 그것을 잃음을 말한다. 『초서』에 이르기를 "초나라는
다른 것을 보배로 여기지 않고, 오직 선한 사람을 보배로 여긴다."라고 했다.
구범이 말하기를 "망명 중인 사람은 다른 것을 보배로 여기지 말고, 어짊의
도리를 자기 몸처럼 아끼는 것을 보배로 여겨야 한다."라고 했다.

不于常(불우상) 정현에 따르면, 천명은 오로지 한 가문만을 보우(保佑)
하지 않는다는 것이다. 공영달에 따르면, 천명은 항상 한 가문에만 머물
지 않는다는 것이다. 천명을 얻는다 함은 민심을 얻어서 나라를 얻음을
뜻한다.

道(도) 말하다(言)의 뜻이다.

楚書(초서) 초나라 소왕(昭王, 기원전 516~489) 때의 책이다. 『국어(國語)』

「초어(楚語)」에도 이러한 내용이 있다. 이것은 초나라 대부 왕손어(王孫圉)가 진(晉)을 방문했을 때, 진나라 정공(定公)이 베푼 연회에서 조간자(趙簡子)가 명옥을 울리며 예를 갖추고 초나라에도 이러한 옥이 있느냐고 질문하자 왕손어가 "우리 초나라는 그것을 보물로 여긴 적이 없습니다. 초나라의 보물로는 관사보(觀射父)가 있습니다. 그는 말주변이 뛰어나 제후들과 교제하여 아무도 우리 주군을 비방하지 않게 할 수 있습니다. 또좌사 의상(倚相)이 있습니다. 그는 선대의 전장 제도를 잘 알아서 만물의질서를 잘 관장함으로써, 아침저녁으로 우리 주군께 흥망성쇠의 역사를강론하여 우리 주군께서 선왕의 업적을 잊지 않으시도록 하고 있으며,또한 (천지)신명(神明)을 기쁘게 하고 신명이 바라지 않은 것을 잘 따름으로써 신명이 우리 초나라에 나쁜 마음을 갖지 않도록 하고 있습니다."라고 답한 말이다.

寶(보) 『신서(新序)』에서는 초나라가 보배로 여기는 것은 현신(賢臣)이라했다. 초나라에는 영윤자서(令尹子西), 섭공자고(葉公子高) 등 현신들이 많았다. 주희는 금옥(金玉)을 보배로 여기지 않고 선인(善人)을 보배로 하는것이라 했다.

舅犯(구범) 진(晉) 문공(文公)의 외삼촌 호언(狐偃)으로, 자는 자범(子犯)이다.

亡人(망인) 망명 중인 사람이라는 뜻으로 여기서는 중이(重耳)를 말한다. 그는 뒷날 진 문공이 되어 춘추 시대의 패자(覇者)가 되었다. 중이는공자(公子)일 때 부친인 헌공(獻公)의 애첩 여희(麗姬)의 참소로 이복형인태자 신생(申生)이 죽임을 당하자 적(翟) 땅으로 도망가 있었다. 헌공이죽자 진(秦) 목공(穆公)이 자현(子顯)을 시켜 중이를 조문하면서 진(晉)나라로 돌아가 헌공의 자리를 계승하라고 권했는데, 이에 구범이 중이에게한 말이다. 『예기』「단궁(檀弓)」편과 『춘추좌씨전(春秋左氏傳)』 장공(莊公)28년에 이 일이 보인다.

仁親(인친) 정현과 공영달은 인도(仁道)를 친애한다고 했는데, 이는 인의 도리를 자기 몸처럼 아낀다는 뜻이다. 주희에 따르면, 인은 애(愛)의 뜻으로 인친은 가까운 이를 사랑한다는 뜻이다.

秦誓曰: "若有一个臣, 斷斷兮, 無他技, 其心休休焉, 其如有容焉. 人之有技, 若己有之. 人之彦聖, 其心好之, 不啻若自其口出, 寔能容之, 以能保我子孫黎民, 尙亦有利哉! 人之有技, 媢疾以惡之. 人之彦聖, 而違之, 俾不通, 寔不能容, 以不能保我子孫黎民, 亦曰殆哉!"

「진서」 편에서 "지조가 굳고 성실하지만 별다른 재능은 없는 어떤 신하가 그 마음은 너그러워서 포용력이 있는 듯하다. 남이 가진 재능을 마치 자기가 지닌 듯이 하고, 다른 사람의 훌륭함과 명철함을 그 마음으로 좋아하는 것이 그 입으로 칭찬하는 것보다 더하다면, 이런 사람은 남의 훌륭한 점을 포용할 수 있으니 우리 자손과 백성을 보존할 수 있고, (우리에게) 이로움이 있기를 바랄 수 있겠구나! 남이 가진 재능을 질투하고 증오하며, 다른 사람의 훌륭함과 명철함을 어그러뜨리고 억눌러 물리쳐서 임금에게 통하지 못하게 하면, 이런 사람은 남을 포용할 수 없기에 우리 자손과 백성을 보존하지 못할 것이니, 또한 위태롭다 하겠구나!"라고 했다.

秦誓(진서) 『서경』「주서」의 편명이다. 진(秦)나라 목공이 정(鄭)나라를 공격하려다가 진(晉)의 공격을 받아 패배한 후, 자신의 과오를 뉘우치면서 자신과 같은 잘못을 저지르지 않도록 여러 신하에게 고한 것을 기록한 것이다. 여기서 인용된 문장은 『서경』과 글자가 약간 다른 부분이 있다. 『서경』에는 "약(若)"은 "여(如)", "혜(兮)"는 "의(猗)", "유용언(有容焉)"은 "유용(有容)", "식(寔)"은 "시(是)", "이능보아자손(以能保我子孫)"은 "이보아자손(以保我子孫)", "상역유리(尙亦有利)"는 "역직유리(亦職有利)", "모질(媢疾)"은

"모질(冒疾)", "비불통(俾不通)"은 "비불달(俾不達)"로 되어 있다.

一个臣(일개신) 공영달은 『서경』 소(疏)에서 한결같은 마음을 지닌 지조가 굳은 신하라 한다.

斷斷(단단) 공영달은 『서경』 소에서 선을 지키는 모습〔守善之貌〕이라 했고, 『예기』 소에서 성실하고 전일하며 신중함〔誠實專一謹愼〕이라 했다. 정현과 주희는 성실하고 한결같은 모습〔誠一之貌〕이라 했다.

休休焉(휴휴언) 공영달에 따르면 관용(寬容)의 모습이다. 아름답고 큰 모습〔美大之貌〕의 뜻으로도 해석된다.

若己有之(약기유지) 공영달은 다른 사람이 재능을 가진 것을 보고, 자기가 가지고 있듯이 그를 자기 몸처럼 아끼는 것이라 했다.

彦聖(언성) 주희에 따르면, 언은 훌륭한 선비〔美士〕이고, 성은 통명(通明)으로 두루 통하여 사리에 밝은 것이다.

尚亦有利(상역유리) 주희에 따르면, 상은 바라다〔庶幾〕의 뜻이다. 상역유리는 『서경』에 "역직유리(亦職有利)"로 되어 있는데, 공안국은 직을 주(主)라 했다. 이에 따르면, '또한 주로 이익이 있을 것이다.'로 해석될 수도 있다.

娟(모) 공영달은 질투〔妬〕의 뜻이라 한다. 주희는 시기〔忌〕의 뜻으로 혈구(絜矩)하지 못하는 것이라고 한다.

違(위) 공영달에 따르면, 어그러뜨리고 억눌러 물리치는 것이다.

不通(불통) 공영달에 따르면, 훌륭한 공로를 군주에게 통하여 이르지 못하게 하는 것이다.

唯仁人, 放流之, 迸諸四夷, 不與同中國. 此謂唯仁人, 爲能愛人, 能惡人.

오직 어진 사람만이 악인을 사방의 오랑캐 땅으로 내쫓고 중원 땅에서 함께 살지 못하게 한다. 이를 일러 오직 어진 사람만이 사람을 사랑할 수 있고 사람을 미워할 수 있다고 한다.

放流之(방류지) 정현은 지를 악인으로 질투하고 증오하는 사람이라 했고, 공영달은 선한 일을 가리는 사람이라 했으며, 주희는 질투하고 증오하는 사람이 현인을 방해해 나라를 병들게 하는 것이라고 했다.

中國(중국), 四夷(사이) 중국은 중원의 땅을 가리키는데, 그 용어는 『서경』「재재(梓材)」와 『사기(史記)』「진본기(秦本紀)」 등에서 보인다. 구체적으로는 주(周)나라 왕기(王畿) 및 부근의 화하제후국(華夏諸侯國)들을 말한다. 화하족이 그들 스스로를 중국 즉 천하의 가운데에서 사는 민족으로서 우월한 문화를 지닌 민족이라는 의미로 사용했다면, 사이는 화하족이 그들 스스로를 중심으로 삼아서 사방에 사는 민족들을 오랑캐라고 낮추어 부르는 말이라 할 수 있다. 화하족은 그들 임의대로 동서남북에 사는 민족들을 구분하여 동이(東夷)·북적(北狄)·서융(西戎)·남만(南蠻)이라고 불렀다. 즉 동이는 화하족의 동쪽에 사는 민족의 통칭이며, 북적은 화하족의 북쪽에 사는 민족의 통칭이다. 서융과 남만 역시 그렇다. 따라서 여기에는 동서남북의 구분만이 있을 뿐, 그들 사이에 엄격한 민족 구별은 없다. 주나라 시기까지의 동이는 산둥 반도와 그 남쪽인 회하(淮河) 지방에 살면서 화하족과 문화가 다른 사람들을 말했으나, 진한(秦漢) 이후에는 만주와 한반도 및 일본 등지에 사는 사람을 말했다.

唯仁人, 爲能愛人, 能惡人(유인인, 위능애인, 능오인) 같은 표현이 『논어』「이인(里仁)」 편에 나오는데, "유인자, 능호인, 능오인(唯仁者, 能好人, 能惡人)"이라고 한다.

見賢而不能擧, 擧而不能先, 命也. 見不善而不能退, 退而不能遠, 過也. 好人之所惡, 惡人之所好, 是謂拂人之性, 菑必逮夫身.

현명한 사람을 보고서도 천거하지 못하고, 천거하더라도 그를 나보다 앞세우지 못함은 천거하는 일에 태만한 것이다. 선하지 못한 사람을 보고서도 물리치지 못하고, 물리치더라도 멀리하지 못함은 잘못이다. 다른 사람이 싫어하는 것을 좋아하고, 다른 사람이 좋아하는 것을 싫어하는 것, 이것을 사람의 성품(性稟)을 거역하는 것이라 하니, 재앙이 반드시 그 자신에게 미칠 것이다.

擧(거) 공영달은 '천거하다'라 했고, 정약용은 '등용하다'라고 했다.

先(선) 공영달은 자기보다 앞세우는 것이라 했다. 예를 들어, 포숙아(鮑叔牙)가 관중(管仲)을 천거한 것과 같다.

命(명) 정현은 만(慢, 느리다, 소홀하다), 정이는 태(怠, 게으르다)라 했고, 주희는 만과 태 중 어느 것이 맞는지 모르겠다고 했다. 공영달에 따르면 사람을 천거하는 일에 소홀한 것이다. 유월(兪樾)은 『군경평의(群經平義)』에서 '불능선(不能先)'의 선(先)을 '불능원(不能遠)'의 원(遠)과 대구로 보아 선은 근(近)의 잘못이라고 했다. 이를 따르면 '천거하였으나 인군(人君)이 그를 가까이 두지 못하게 되는 것은 어쩔 수 없는 일(命)이다.'라는 뜻이 된다. 주희는 그렇게 되는 까닭이 사랑하고 미워할 사람은 알지만, 아직 사랑하고 미워하는 도리를 온전히 실천하지 못하기 때문이라고 했다.

拂(불) 주희는 거스르다(逆)의 뜻이라 했다.

人之性(인지성) 주희에 따르면, 선을 좋아하고 악을 싫어하는 것은 인간의 성품이라는 뜻이다.

是故君子有大道, 必忠信以得之, 驕泰以失之. 生財有大道, 生之者衆, 食之者寡, 爲之者疾, 用之者舒, 則財恒足矣.

그러므로 군자에게 큰 도리가 있으니, 반드시 충실함과 믿음으로써 그것을 얻고, 교만함과 방자함으로써 그것을 잃는다. 재물을 늘리는 데 큰 도리가 있으니, 생산하는 사람은 많고 먹는 사람은 적으며, 일하는 사람은 빨리하고 쓰는 사람은 천천히 하면, 재물이 항상 풍족하다.

大道(대도) 공영달은 효제인의(孝悌仁義)를 실천하는 큰 도리라 하고, 주희는 수기치인(修己治人)의 방법이라 했다.

忠信(충신), 驕泰(교태) 주희에 따르면, 온 마음을 다하는 것이 충이고, 사물의 이치를 따르고 어기지 않는 것이 신이며, 오만하게 우쭐거리는 것이 교이고, 사치하고 방자한 것이 태이다.

之(지) 공영달은 효제인의라 하고, 주희는 수기치인이라 했다.

生之者衆(생지자중) 공영달은 농사와 길쌈하는 사람이 많다는 뜻이라 했다. 주희는 여대림(呂大臨)의 말을 인용해 나라에 유랑민이 없다는 뜻이라 했다.

食之者寡(식지자과) 공영달은 쓸데없는 비용을 줄이는 것이라 했다. 여대림은 요행으로 조정에 자리를 차지하고 있는 사람이 없는 것이라 했다.

爲之者疾(위지자질) 공영달은 백성들이 농사와 길쌈 등의 일을 서둘러서 도모하는 것이라 했다. 여대림은 농사의 때를 빼앗지 않는 것이라 했다.

用之者舒(용지자서) 공영달은 임금이 비용이 많이 드는 일을 천천히 하는 것이라 했다. 여대림은 수입을 헤아려서 지출하는 것이라 했다.

仁者以財發身, 不仁者以身發財. 未有上好仁而下不好義者也, 未有好義其事不終者也, 未有府庫財非其財者也.

어진 사람은 재물로써 자신을 일으키고, 어질지 못한 사람은 자신의 몸을 망쳐서 재물을 일으킨다. 윗사람이 어짊을 좋아하는데 아랫사람이 의로움을 좋아하지 않는 경우가 없고, 의로움을 좋아하면서 그의 일이 이루어지지 않는 경우가 없으며, 창고의 재물이 그의 재물이 아닌 경우가 없다.

發(발) 일으키다(起)와 같다.

以財發身(이재발신) 정현에 따르면, 어진 사람에게 재물이 있으면 그것을 베풀어 주기에 힘쓰니, 자신이 드러나 그 아름다운 이름이 이루어지는 것이라고 했다. 주희는 재물을 나누어 주어서 백성을 얻는 것이라고 했다.

以身發財(이신발재) 공영달은 그의 몸을 수고롭게 부려서 그의 재물을 일으킨다고 했고, 주희는 자기 몸을 망쳐서 재물을 늘린다고 했다.

上(상), 下(하) 각각 군(君)과 신(臣)을 말한다.

終(종) 정현은 이루다(成)의 뜻으로 해석했다.

未有府庫財非其財者也(미유부고재비기재자야) 정현은 일이 이루어지지 않은 적이 없는 것이 "내 창고의 재물이 나의 소유가 되는 것과 같다."라고 했다. 이에 비해 주희는 아랫사람이 의로움을 좋아하므로, 일은 반드시 마무리 짓게 되고, "창고의 재물이 이치에 맞지 않게 나가게 되는 근심이 없을 것이다."라고 했다.

孟獻子曰: "畜馬乘, 不察於鷄豚. 伐冰之家, 不畜牛羊. 百乘之家, 不畜聚斂之臣. 與其有聚斂之臣, 寧有盜臣." 此謂國不以利爲利, 以義爲利也.

맹헌자가 말하길 "(마차 한 대를 보유한) 대부는 닭과 돼지에서 이익을 살피지 않는다. (제사에 얼음을 쓰는) 경대부는 소와 양을 기르지 않는다. 마차 100대를 소유한 집안은 재물을 탐내어 마구 거둬들이는 신하를 키우지 않는다. 재물을 탐내어 마구 거둬들이는 신하를 두기보다는 차라리 도적질하는 신하를 두는 것이 낫다."라고 했다. 이를 일러 나라는 재물을 이롭게 여기지 않고, 의로움을 이롭게 여긴다고 한다.

孟獻子(맹헌자) 노(魯)나라 대부이다. 성은 중손(仲孫)이고 이름은 멸(蔑)

이며, 헌자는 시호(諡號)이다. 『맹자』「만장 상(萬章上)」에 따르면, 맹헌자는 다섯 사람의 벗과 교유(交遊)했는데 부귀를 염두에 두지 않았고, 부귀에 아부하는 세속 사람을 멀리했다.

畜馬乘(휵마승) 휵은 기른다는 뜻이다. 승은 말 네 필이 끄는 마차로서, 휵마승은 말 네 필이 끄는 마차 한 대를 보유하는 것이다. 고대에 사(士)가 처음 임용되어 대부가 되면 그러한 마차 한 대를 소유할 수 있었다. 따라서 여기서는 휵마승을 대부로 번역한다.

鷄豚(계돈), 牛羊(우양) 정현에 따르면 닭, 돼지, 소, 양 등은 백성들이 길러서 재물로 삼는 것이다.

伐冰之家(벌빙지가) 고대에는 경대부 이상의 집에서 상제(喪祭)에 얼음을 사용했다. 그래서 벌빙지가를 경대부로 번역한다.

百乘之家(백승지가) 채지(采地)가 있는 경대부로서 말 네 필이 끄는 마차 100대를 소유할 수 있는 집안을 말한다.

聚斂之臣(취렴지신) 공영달에 따르면 "채읍(采邑)에서 10분의 1의 세금 이외에 재물을 더 징수하는 신하"로서, 재물을 탐내어 마구 거둬들이며 백성을 못살게 구는 신하이다.

盜臣(도신) 공공 기관의 재산을 도적질하는 신하이다. 공영달에 따르면 도적질하는 신하는 단지 재물만을 해치지만, 마구 거둬들이는 신하는 의로움을 해친다고 한다.

以利爲利(이리위리) 첫 번째 리(利)는 재화와 같은 물질적 수입을 가리키고 두 번째 리는 이로움 또는 이익을 뜻한다.

長國家而務財用者, 必自小人矣. 彼爲善之, 小人之使爲國家, 菑害竝至, 雖有善者, 亦無如之何矣? 此謂國不以利爲利, 以義爲利也.

나라와 집안의 어른 노릇을 하면서도 사사로이 재물을 모으고 쓰는 데 힘쓰는

자는 스스로 소인이 되는 행동을 하는 것이다. 군주가 (어짊과 의로움으로써) 나라를 잘 다스리고자 하면서도 소인을 등용해 나라를 다스리게 한다면 하늘의 재앙과 사람의 해악이 함께 닥칠 것이니, 비록 현명하고 유능한 사람이 있어도 또한 어찌할 수 없다. 이를 일러 나라는 재물을 이롭게 여기지 않고, 의로움을 이롭게 여긴다고 한다.

務財用者(무재용자) 정현은 재물을 모아 사적 용도로 쓰는 데 힘쓰는 자라 했다.

必自小人矣(필자소인의) 공영달에 따르면 스스로 소인의 행동을 하는 것이다. 주희에 따르면 자(自)는 유(由)의 뜻으로서, 소인으로 말미암아 그렇게 되는 것이라고 해석했다.

彼爲善之(피위선지) 정현에 따르면 피는 군(君)을 가리키니, 군주가 인의(仁義)로써 정사를 잘하고자 하는 것이다. 정약용에 따르면 피는 소인(小人)을 가리키니, 저 소인이 스스로 이재(理財)에 밝다고 생각한다는 뜻이다. 그런데 주희는 "피위선지(彼爲善之)" 앞뒤로 빠진 문장이나 오자가 있을 것이라고 의심했다.

小人之使爲國家(소인지사위국가) 정현과 주희에 따르면, 군주가 소인을 등용함으로써 천재(天災)와 인재(人災)가 생긴다는 뜻이다. 공영달에 따르면, 군주가 소인처럼 재물을 모으거나 사용하면 나라에 천재와 인재가 닥칠 것이라는 뜻이다.

菑害(치해) 치는 재(災)와 같다. 재는 하늘이 내리는 재앙이고, 해는 사람에 의해서 생기는 피해이다.

해설 주희는 여기까지를 전 10장이라 하고, 치국과 평천하를 해석한 것이라 했다.

참고 문헌

십삼경주소(十三經注疏) 『예기정의(禮記正義)』.

『대학장구(大學章句)』, 남송(南宋) 주희(朱熹).

『대학혹문(大學或問)』, 남송 주희.

『대학찬소(大學纂疏)』, 남송 조순손(趙順孫).

『대학강의(大學講義)』, 조선 정약용(丁若鏞).

『대학공의(大學公義)』, 조선 정약용.

『사서독본 학용(四書讀本 學庸)』, 대만 장보첸(蔣伯潛).

『대학금주금역(大學今註今譯)』, 대만 쑹톈정(宋天正).

『신역사서독본(新譯四書讀本)』, 대만 셰빙잉(謝冰瑩)·리센(李鍌)·
　　류정하오(劉正浩)·추셰유(邱燮友).

『대학의리소해(大學義理疏解)』, 대만 천이청(岑溢成).

『한문대계(漢文大系)』, 일본 핫토리 우노키치(腹部宇之吉) 교정.

찾아보기

동양고전연구회

원전에 충실한 주석과 현대적 해석을 통한 동양 고전 출판을 목표로 1992년 6월 출범했다. 한국 철학·선진 유가 철학·송명 유학·청 대 유학·도가 철학을 전공한 연구자들로 구성되어 있으며, 지난 25년 동안 회합하며 고전을 번역하고 주해해 왔다. 우리 전통의 발판 위에 미래 문화를 창달하기 위해 계속해서 번역 작업에 힘쓰고자 한다. 동양고전연구회의 첫 사업으로 간행한 『논어』는 《교수신문》 선정 최고의 번역본으로 꼽혔다.

이강수(李康洙) 고려대 철학과 졸업. 국립 타이완대 대학원 철학과 석사. 고려대 대학원 철학과 박사. 경희대 국민윤리학과 조교수, 중앙대 철학과 부교수, 연세대 철학과 교수 역임. 저서 『노자와 장자』·『중국 고대 철학의 이해』, 역서 『노자』·『장자』 외.

김병채(金炳采) 고려대 철학과 및 동 대학원 졸업. 국립 타이완대 대학원 철학과 석사. 대만 푸런대 대학원 철학과 박사. 한국공자학회 회장, 한양대 철학과 교수 역임. 저서 『전통 유학의 현대적 해석』(공저), 논문 「선진 유가 철학의 도덕의식 연구」 외.

장숙필(張淑必) 고려대 철학과 졸업. 고려대 대학원 철학과 석사, 박사. 현재 고려대 민족문화연구원 선임연구원, 한양대 겸임교수. 저서 『현대 사회와 동양 사상』(공저)·『한국 유학 사상 대계 사회사상편』(공저), 역서 『성학집요』 외.

고재욱(高在旭) 고려대 철학과 및 동 대학원 석사. 대만 푸런대 대학원 철학과 박사. 베이징대 및 지린대 교환교수 역임. 한국중국학회장 및 한국중국현대철학연구회장 역임. 현재 강원대 철학과 교수. 저서 『중국 사회사상의 이해』(공저)·『처음 읽는 중국 현대 철학』(공저), 역서 『중국 사회사상사』·『중국 근대 철학사』·『일곱 주제로 만나는 동서 비교 철학』 외.

이명한(李明漢) 중앙대 철학과 졸업. 국립 타이완대 대학원 철학과 석사. 중국문화대 대학원 철학과 박사. 현재 중앙대 철학과 명예교수. 논문 「양명 양지 개념의 형성과 그 의의 연구」 외.

김백현(金白鉉)　한국외국어대 중국어과(철학 부전공) 졸업, 국립 타이완대 대학원 철학과 석사, 대만 푸런대 대학원 철학과 박사. 현재 강릉원주대 철학과 교수. 베이징대 및 쓰촨대 공동연구교수, 중국학연구회장 및 한국도가철학회장 역임. 저서 『중국 철학 사상사』·『도가 철학 연구』·『莊子哲學中天人之際硏究』(대만) 외.

유권종(劉權鐘)　고려대 철학과 졸업, 고려대 철학과 석사, 박사. 현재 중앙대 철학과 교수. 저서 『유교적 마음 모델과 예 교육』(공저)·*Ecology and Korean Confucianism*(공저)·*Encyclopedia of Food and Culture*(Springler)(공저) 외, 논문 「위기지학의 개념화 과정」·「통합 마음 연구를 위한 마음 모형」 외.

정상봉(鄭相峯)　서울대 철학과 졸업, 국립 타이완대 대학원 철학과 석사, 박사. 현재 건국대 철학과 교수. 논문 「주자 심론 연구」(박사학위논문)·「주희의 격물치지와 경 공부」·「주희의 인론」·「주자 형이상의 심층 구조」·「정명도의 천리와 인성에 대한 이해」·「퇴계의 주자 철학에 대한 이해와 그 특색」·「유가의 정감 윤리학」 외.

안재호(安載晧)　중앙대 철학과 졸업, 국립 타이완대 대학원 철학과 석사, 베이징대 철학과 박사. 현재 중앙대 철학과 부교수. 저서 『왕부지 철학』·『공자왈, 공자는 이렇게 말했다』, 역서 『송명 성리학』·『중국 철학 강의』 외.

이연승(李姸承)　서울대 종교학과 졸업, 타이완대 박사. 현재 서울대 종교학과 부교수. 저서 『양웅: 어느 한 대 지식인의 고민』·『제국의 건설자 이사』, 역서 『방언소증』·『법언』·『사상사를 어떻게 쓸 것인가』 등.

김태용(金兌勇)　한양대 철학과 및 동 대학원 졸업, 타이완대 석사, 베이징대 박사. 현재 한양대 철학과 부교수. 논문 「『중용』의 '성' 개념에 대한 연구」, 저서 『현대 신유학과 중국 특색의 사회주의』(공저)·『처음 읽는 중국 현대 철학』(공저) 외.

이진용(李溱鎔)　연세대 철학과 졸업, 연세대 대학원 철학과 석사, 베이징대 철학과 박사. 건국대 연구전임조교수 역임. 현재 연세대 원주캠퍼스 철학과 부교수. 저서 『포박자 연구』(공저), 논문 「회남자의 우주 생성론 고찰」 외.

대학

1판 1쇄 펴냄 2016년 8월 29일
1판 3쇄 펴냄 2020년 5월 26일

옮긴이 동양고전연구회
발행인 박근섭, 박상준
펴낸곳 (주)민음사
출판등록 1966. 5. 19 (제16-490호)
서울특별시 강남구 도산대로1길 62(신사동) 강남출판문화센터 5층 (우편번호 06027)
대표전화 02-515-2000
팩시밀리 02-515-2007
ⓒ 동양고전연구회, 2016. Printed in Seoul, Korea
ISBN 978-89-374-3333-7 04140
ISBN 978-89-374-3330-6 (세트)